U0507505

学生工作信息化建设发展研究

饶才骏◎著

吉林出版集团股份有限公司
全国百佳图书出版单位

图书在版编目（CIP）数据

学生工作信息化建设发展研究 / 饶才骏著 . –– 长春：吉林出版集团股份有限公司 , 2023.6

ISBN 978-7-5731-3947-4

Ⅰ . ①学… Ⅱ . ①饶… Ⅲ . ①高等学校－学生工作－研究 Ⅳ . ① G645.5

中国国家版本馆 CIP 数据核字 (2023) 第 128710 号

学生工作信息化建设发展研究

XUESHENG GONGZUO XINXIHUA JIANSHE FAZHAN YANJIU

著　　者　饶才骏
责任编辑　王　宇
封面设计　李　伟
开　　本　710mm×1000mm　　　1/16
字　　数　185 千
印　　张　10.75
版　　次　2023 年 6 月第 1 版
印　　次　2024 年 1 月第 1 次印刷
印　　刷　天津和萱印刷有限公司

出　　版　吉林出版集团股份有限公司
发　　行　吉林出版集团股份有限公司
地　　址　吉林省长春市福祉大路 5788 号
邮　　编　130000
电　　话　0431-81629968
邮　　箱　11915286@qq.com
书　　号　ISBN 978-7-5731-3947-4
定　　价　65.00 元

版权所有　翻印必究

作者简介

饶才骏 男，1990 年 11 月出生于湖北武汉，武汉大学硕士研究生，讲师，现任湖北工业大学理学院团委书记。撰写大学生思想政治教育类研究论文多篇。主要研究方向为大学生职业生涯规划、大学生创新创业教育、高校学生管理工作。

　　近年来，随着信息技术的发展和应用，世界已逐步进入网络化、信息化时代，给各行各业带来了变革，同时也给教育领域带来了前所未有的机遇和挑战。当前，学生管理的信息化已越来越受重视，众多高校也逐渐将管理信息化纳入了学校改革和发展的规划之中。信息化思维下高校学生管理的含义就是在原有学生管理模式的基础上，以交互化的学生工作信息网络为支撑，对学生管理工作的传统体系在应用模式和管理模式层面进行改造，以求形成便捷高效的学生工作管理模式，实现对高校学生有效的教育及引导，主要包括对学生事务管理和对高校思想政治教育管理实现信息化两个方面。面对当前信息化的新形势、新问题，高校学生事务管理还不能完全适应信息化的发展要求。在现阶段，研究信息化背景下高校学生管理的创新与发展是我国高等教育现阶段的一个重要研究课题。

　　本书第一章为高校学生工作管理概述，分别介绍了高校学生工作管理的内涵和特点、高校学生工作管理的目标及原则、高校学生工作管理取得的成绩、高校学生工作科学发展的要求四个方面的内容；本书第二章为高校学生管理工作的基础性探究，主要介绍了三个方面的内容，依次是高校学生管理机构与队伍建设、高校学生管理工作中的奖惩手段与创新、高校学生自我管理与民主管理；本书第三章为信息化思维下的高校学生管理，分别介绍了三个方面的内容，依次是信息化思维下高校学生管理研究的背景及意义、信息化思维下高校学生管理现状、信息化思维下高校学生管理面对的机遇和挑战；本书第四章为信息化背景下转变高校学生管理模式的途径，依次从管理者层面、学生个人层面、环境层面、体制建设层面；本书第五章为高校学生管理的信息化建设，主要介绍了四个方面的内容，分别是高校学生管理工作及其信息化重构、信息化发展对高校学生管理的影响、信息化背景下高校学生管理创新方法、信息时代高校学生管理工作的发展趋势。

在撰写本书的过程中，作者得到了许多专家学者的帮助和指导，参考了大量的学术文献，在此表示真诚的感谢！限于作者水平有不足，加之时间仓促，本书难免存在一些疏漏，在此恳请同行专家和读者朋友批评指正！

饶才骏

2022 年 11 月

目　录

第一章　高校学生工作管理概述

本书第一章为高校学生工作管理概述，分别介绍了高校学生工作管理的内涵和特点、高校学生工作管理的目标及原则、高校学生工作管理取得的成绩、高校学生工作科学发展的要求四个方面的内容。

第一节　高校学生工作管理的内涵和特点

一、高校学生工作管理的内涵

高校学生工作管理是对大学生日常事务的管理，它通过对学生的日常行为进行规范、指导和服务，以此来促进学生的全面发展。学生工作管理有广义和狭义之分，学生工作就是广义的学生工作管理，包括思想政治教育、日常事务管理、学生工作的考核与评估、学生成长发展指导等内容。本书所讲的学生工作管理指的是狭义上的学生工作管理，也就是管理学生，它侧重的是对学生的日常管理，包括班级建设、学生奖惩、学生资助、安全教育、宿舍管理、生活服务、就业指导等，涉及学生在校生活、学习的方方面面。

（一）理想信念教育和道德品质规范的养成教育

理想信念是一个人前进的航向，道德品质则是为人做事的准绳。在高校学生工作管理中，管理工作者要重视校园文化建设，为大学生创造高雅的文化氛围，通过校园文化的影响和熏陶帮助大学生营造良好的舆论氛围，通过文化活动的组织和开展加强思想政治教育。

（二）依法治校，维护学生的合法权益

实行依法治校，就是在高校的日常管理工作中，要明确学校和学生的权利及义务，要充分保障学生的合法权益。要依靠法律和学校的各种规章制度，对学生进行奖励、资助、处分等。在处理如学生处分等涉及学生权益问题时，要严格按照正当程序，规范处理过程，保护学生的合法权益不受侵害。

（三）学籍管理和学习指导

随着高校教学体制改革的深入和弹性学制、学分制的实施，在学生学籍管理中，高校可以实施跨校、跨专业修读、专修和辅修相结合等有利于学生成长的管理模式。学生工作管理者可以通过学风建设，为学生创造积极向上的学习氛围。在学生自主学习的同时，管理者要提供全方位、积极主动的辅导，帮助学生养成自主式的学习习惯和终身学习的思想观念。

（四）就业指导和就业服务

就业指导和就业服务是学生工作管理的一项重要内容。面对日益严峻的就业形势，高校要设立专门的就业指导部门，由学校主要领导直接负责管理。就业指导部门要做好在校生职业生涯规划指导、就业信息收集、实习基地建设、毕业生就业指导、毕业生职业规划等工作。

（五）勤工俭学和贫困生资助

贫困生资助和勤工俭学也是学生工作管理的一项重要内容。学生工作管理部门要针对学生的实际情况和高校的规章制度，开通助学贷款的"绿色通道"，尽可能多地开辟勤工俭学的岗位，认真做好国家奖、助学金和校内贫困生补助的发放工作。同时，针对学生群体中发生的突发事件应建立应急处理机制和临时困难补助制度，对于发生重大家庭变故的学生，要及时给予特殊的帮助。

（六）生活服务和心理健康教育

高等教育不仅仅体现在学习方面，还应该贯彻到学生的日常工作管理中去。学生工作管理部门要和校内其他服务部门互相配合，在为学生提供衣、食、住、行等方面服务的同时，还要重视对学生健康生活方式的引导。高校心理咨询中心要通过各种渠道、运用多种形式在全校范围内对学生开展心理健康教育和心理咨询活动，加强对学生的心理疏导。学生工作管理者要建立畅通的信息网络，使思想政治教育和心理健康教育有效结合，进而提高学生工作管理的水平。

二、高校学生工作管理的特点

（一）教育性

培养全面发展的高素质人才为社会主义现代化建设服务是高校学生工作管理的主要目标。学生工作管理者要通过对学生的教育和引导，提高大学生的科学文化素质，培养他们良好的品德和修养，引导他们坚持正确的政治方向，帮助他们树立远大的理想信念。总之，学生工作管理要通过教育和引导促进高校管理目标的实现。

（二）开放性

高校的学生工作管理具有开放性，日常管理工作可以通过多种途径和多种方法开展，既可以通过课堂教学教育和校园文化活动进行日常管理，又可以通过学校教育、社会教育、家庭教育等多种渠道展开。学生工作管理者要善于利用多方资源，懂得统筹和协调，形成促进学生工作管理的合力。

（三）持续性

高校学生工作管理系统是一项复杂的工程。每一项具体工作的完成都要以学生工作管理的总体目标为方向，都要体现学生工作管理的效果，都要促进大学生的全面发展。高校学生工作管理要建立长效的工作机制，使学校教育、社会教育、家庭教育三者有效结合，通过外在的制度管理和内在的学生自我约束，结合思想政治教育，来提高学生工作管理的效果和系统性。

（四）实践性

高等教育以培养适合社会需要和适应时代发展的高级知识人才为目标，不断提高学生解决实际问题的能力。随着社会形势的不断变化和发展，学生工作管理模式也应随之改变。新的管理方法和手段不能只是空谈理论，而应该在实际的工作中得到切实的运用，以达到理论指导实践的目的。只有具有实践性的学生工作管理，才能更好地适应日益变化的社会环境。

第二节　高校学生工作管理的目标及原则

一、高校学生工作管理的目标

高校学生工作管理的目标是要培养适应社会发展需要的高素质人才，以提高大学生的综合素质为主要目的。具体来说，就是要提高大学生的思想政治素质、科学文化素质、身心素质、创新素质等。

（一）提高思想政治素质

要求大学生拥有正确的政治方向、坚定的理想信念，养成良好的道德品格。自觉跟党走，认真学习党的理论知识和重要思想，同时自觉践行党的路线、方针、政策，坚持正确的政治立场。

（二）提高科学文化素质

要求大学生拥有全面丰富的知识结构和扎实的理论功底。为提高大学生科学文化素质，要求大学生要努力学习科学文化知识，掌握正确的学习方法，养成良好的学习习惯，要学会用理论指导实践，全面提高自身素质。同时，要树立终身学习的观念，在实践中寻找不足，通过学习来弥补不足。

（三）提高身心素质

要求大学生拥有强健的身体和健康的心理。通过积极参加体育锻炼、文体活动，强健体魄，提高身体素质；通过自我管理、自我控制和自我调节健全人格；通过积极参加社会实践，养成良好的个性和环境适应能力，并且拥有健康的身心素质，更好地为社会服务。

（四）提高创新素质

要求大学生有科学的思维方式和把理论运用于实践的能力。大学生要通过学习积累理论知识，运用科学的思维，辩证地、全面地分析和辨别事物；有较强的创新能力和实践能力，面对不断变化的环境要勇于创新，不断地进行自我突破。在提高大学生创新能力的同时，还要拓展他们的综合素质。

二、高校学生工作管理的原则

为了提高学生工作管理水平，实现有效管理，学生工作管理者在日常管理中应该遵循以下原则：

（一）实际性原则

要求高校学生工作管理要一切从实际出发，既要考虑学校的实际情况，又要考虑学生的实际情况。通过了解学校与学生的实际，建立健全的组织机构，明确各组织机构职能，确定学生管理目标，同时要研究适合高校自身的学生管理模式。从实际出发进行学生管理，有利于有针对性地开展学生工作。

（二）制度化原则

要求学生工作管理者要根据国家法律规定，结合高校自身实际，制定各种规章制度进行学生管理。制度化是进行规范管理和提高管理效率的必然要求。只有通过制度化管理，高校学生工作管理才有章可循，才能不断地推进学生工作管理科学性、有效性的发展。

（三）服务性原则

高校学生工作管理要坚持服务育人的理念，以服务学生为出发点和落脚点。在对学生的日常管理中坚持服务性原则，就要从学生的根本利益和切身需要出发，把学生看作学生工作管理的主体，一切为了学生。因此，学生工作管理者在实际工作中应坚持服务性原则，通过服务达到管理的目的。

第三节 高校学生工作管理取得的成绩

高等学校的根本任务是培养德智体美劳全面发展的社会主义事业的建设者和接班人。学生工作管理是高校工作的重要组成部分，它对于培育适应21世纪经济社会发展需要的"四有"大学生至关重要。几十年来，各高等学校对学生工作管理都十分重视，投入了大量的人力、物力和财力；学校的学生工作管理者认真贯彻党的教育方针，围绕学校培养目标，大胆实践，努力探索，形成了一套行之有效的工作途径和方法。他们热爱学生，关心学生成长，爱岗敬业，为培养学生付出了巨大的劳动和心血，为我国的社会主义建设培养了大批合格的专门人才。特别是近年来，高校学生工作管理队伍在学生工作管理的科学化、规范化上进行了有益的研究与探讨，取得了一定的成绩，归结起来主要有以下三点：

一、为大学生成才提供精神动力

高校学生工作管理注重大学生的日常思想政治工作，解放思想，更新观念，提高认识，树立"一切为了学生"的教育理念，增强服务的意识，强化服务的功能，自觉、主动地为大学生成长和成才服务。既要坚持教育学生、引导学生、鼓舞学生，又要做到尊重学生、理解学生、关心学生、帮助学生；对大学生学习、生活规范管理，促进大学生向有道德、有纪律的方向发展；提高大学生的文明素养，促进大学生文明习惯的养成。思想政治教育工作要做到学生的心坎儿里，要被学生接受，要受学生欢迎，要达到解疑释惑、化解矛盾、鼓舞士气和激发热情的作用，为大学生成才提供精神动力和舆论力量。

二、为全面提高大学生素质搭建舞台

（一）积极组织社会实践活动，锻炼学生的社会适应能力

利用寒暑假开展社会实践活动是高校学生工作管理的常规内容。大学生利用寒暑假进行社会实践活动的形式是多种多样的，有环保调查、行业实践、公益实践、母校回访、勤工助学等。社会实践活动没有固定的模式，也没有固定的场地和对象，一般是在一个比较开放的环境下，面对着不断变化的情境，学生独立面

对和解决各种问题。社会实践活动能充分调动学生的积极性，能引导学生在实践中培养勇于开拓、敢于创新的精神。

此外，大学生通过实践走向社会，亲身体验生活，看到城乡差别，在与人民群众的接触、了解、交流中受到真切的感染，从活生生的典型事例中受到深刻的教育和启发，这能使他们的思想得到升华，他们的社会责任感和使命感得到加强。同时，也能使学生看到自身知识和能力上存在的不足，比较客观地去重新认识、评价自我，逐渐摆正个人与社会的位置，进而潜心思考自身的发展问题，不断地提高自身素质和能力，从而适应社会发展的需要。

（二）组织社团活动，为大学生搭建开发潜能、展现自我的重要平台

社团活动是大学生校园文化活动的重要组成部分，是对大学生德育的有效补充，也是大学生素质教育的重要载体，是高等院校中一道亮丽的风景线。大学生社团是大学生立足校园，基于共同兴趣和爱好，依照法律，按照一定的章程，自愿结成的具有固定成员和特定活动内容的组织，大致可分为思想政治、学术科技、文体娱乐、志愿服务、创业或综合五种类型。社团活动形式新颖、丰富多彩，在培养学生的想象力、创造力、批判能力和协作精神、充分调动社团协会的主体性与参与性等方面，起着桥梁和纽带的作用。社团活动不仅丰富了大学的生活，还为大学生的身心健康发展提供了课堂以外的学习机会，让他们在活动中锻炼自己的能力、发挥自己的特长、展现自己的才干，这无疑是大学生开发潜能、展示自我的舞台。

（三）丰富校园文化，提高学生的人文艺术修养

文化素质是素质中的一个重要内容，包含一定的文学修养、理论修养、音乐修养、艺术修养等。学生工作管理的重要内容之一就是校园文化建设。校园文化具体表现在各种活动的组织与开展中，如元旦联欢会、歌手大赛、合唱比赛、社团嘉年华、科技文化节、校园辩论赛、纳雅大讲堂、假面舞会等。青年人思想活跃，吸收力强，比较容易接纳新生事物、新观念、新行为及新生活方式，通过群体文化的规约和引导，能够形成良好的校园文化大气候，对学生素质的提高大有裨益。通过丰富多彩、形式多样的文化艺术活动，引进高雅艺术，如音乐会、芭蕾舞、话剧等，使学生的艺术修养和审美素质能够得到有效的提高。

三、提高了素质教育的能力和水平

辅导员是从事学生思想政治工作的基层干部，是思想政治工作第一线的组织者和教育者，也是和学生接触最多的老师之一。高素质的辅导员有利于学校的生存和发展以及学生的健康成长。把那些政治素质硬、业务水平高、思想品德优、综合能力强、热爱辅导员工作的优秀毕业生党员选留到辅导员队伍中来，加强对辅导员的管理，以提高辅导员队伍的整体素质。从发展的趋势来看，我国高校学生工作管理开始强调教育性和发展性，在强调德育传统的同时，管理制度也更为完善，管理干部队伍的层次日益改善，有的高校学生管理干部中硕士毕业生已经占有一定的比例，有的学校由博士毕业生任专职书记。

第四节　高校学生工作科学发展的要求

高校学生工作科学发展理念是指高校学生工作要坚持与时俱进，适应社会的发展变化，满足学生的现实需求，破解自身的发展难题；坚持以人为本，把依靠人、提高人、尊重人、发展人作为最高的价值理念、发展理念、战略理念；坚持教育、管理、服务、发展的有机统一，统筹兼顾、突出重点，坚持工作的全面、协调和可持续发展理念。这一理念是高校学生管理工作者在现代学生教育与管理过程中应始终坚持的指导思想和行动指南。在新的形势下，如何才能在高校学生工作中践行科学发展理念，以科学发展观为指导，努力提高学生工作的科学化水平，是全面加强学生工作的时代课题，更为当前高校学生工作提出了系列内在的要求。

一、工作主体"三化"

高校学生工作的主体在广义上可指全体教师，甚至包括行政部门的工作人员等，这里主要是指高校学生工作部门人员与党团干部、辅导员、班主任等直接从事学生工作的人员。根据中央16号文件及其相关文件精神和学生工作科学发展理念的内在要求，学生工作主体必须实现职业化、专业化、专家化（以下简称"三化"）。高校学生工作队伍作为办学育人的重要力量，其自身素质和工作水平直接影响大学生的健康成长，直接影响学校的健康发展。广大学工人员要明确自身的角色定位、工作定位、工作职责和素质要求，当好学生日常思想政治教育和管理的工作者、组织者和指导者，当好大学生的人生导师，做大学生健康成长的知心朋友，并按照"政治强、业务精、纪律严、作风正"的要求不断提高自身素质，不断提高思想政治教育工作的水平，切实加强学工队伍"三化"建设。

（一）学生工作主体"三化"的内涵

1.学生工作主体职业化

职业是职场中的专门行业，是社会劳动中的分类。职业作为社会劳动的具体形式，是由特定的工作职责、职业能力和工作岗位构成的。职业的不同，实际上就是工作职责履行、职业能力发展和工作岗位任务完成的不同。从这个意义来看，学生工作是一种专门的职业。学生工作者的职责就是在全面贯彻党的教育方针，坚持社会主义办学方向，坚持以人为本、德育为先的原则基础之上，对学生成长成才和全面发展，尤其是对学生思想、政治、道德素质的提高，负有教育、引导、管理、服务的责任。它体现了学生工作队伍特定的工作目的。职业化指的是从业人员从事某种职业之后所具备的职业状态。事实上，我国高校学生工作在20世纪50年代就已经出现了，经过这么多年的发展，这一职业不但没有因为时代的发展而弱化，反而在日渐加强，这本身就是这一职业生命力的最好体现。职业化问题逐渐摆上人们的议事日程，正是这一职业发展的必然结果。学生工作主体的职业化，就是要让学生工作从业人员以学生工作为本职，在工作职责履行、职业能力发展、岗位任务完成等方面有职业归属感。职业化的学生工作主体，能够真正安下心来做工作，凝心静气搞研究。职业化可以使学生工作队伍在职业范围内保持稳定。为了培养社会主义合格的建设者和可靠的接班人，我们不仅要在学生工作队伍职业化问题上进行理论探讨，更要在实践中促使学生工作队伍职业化的早日到来。

2. 学生工作主体专业化

学生工作主体专业化，是指从事学生工作的这个职业群体，逐渐符合学生工作专业标准、成为学生工作专门职业者并获得相应专业地位的过程。欧美发达国家很早已明确高校学生工作是一个独立界定的职业类别，并通过人才培养、学术研究等多种途径，着力打造专业化的学生工作队伍，要求从业人员具备咨询学、心理学、高等教育学、学生事务及其相关学科的专业学位与知识结构，在岗位上，相当数量的人把学生事务当作一项事业来做。20世纪90年代，美国出版了《为学生服务》一书。其中明确指出：学生工作致力于学生的全面发展，这是一种专门职业。因而学生工作队伍的专业化是社会发展与人的发展的必然要求，其应包括规范的准入制度、完善的培训体系、科学的晋升通道、多元的退出接口等内容。[①]同时，高校还应结合思想政治教育学科建设，围绕学生工作队伍专业化方向，组织理论与实践研究，以学术化带动专业化，从而使专业化水平逐步提高。

3. 学生工作主体专家化

一般认为，专家是对某一事物或领域精通，或者说有独到见解的人。学工人

---

① 黄小铭.高校辅导员专业化培养策略研究 [J].广东石油化工学院学报，2014，24（05）：23-25.

员专家化是指在其职业化、专业化的基础上，通过不断的学习提升自身的实践探索能力，加强总结、反思和批判，持续提高自身业务理论水平和实践能力，成长为敢于创新、善于创造性解决工作中遇到的各种问题，对工作中各种问题有深刻的认知和独到见解的复合型人才，他们能够在学生工作岗位上成长为思想政治教育专家、教育管理专家、心理健康咨询专家、职业生涯指导专家、法治教育专家、社团活动指导专家等。当然，学工人员专家化非一日之功，要想成为专家，就要放下身段，静下心来进行系统全面的学习，接受扎实有效的培训，经历真实反复的实践，开展批判反思研究。在我国现有学生工作队伍中，尤其是辅导员队伍中，专家化的程度低。学生工作队伍专家化的前提是专业化，因而学生工作队伍专家化建设的关键是学生工作队伍专业资格的认定和综合业务能力测评体系的构建。所谓专业资格认定，就是要确定学生工作人员专业化发展的逻辑起点，进而制定学生工作队伍走上专家化的方向与举措，如攻读学位、晋升职称、学术研究、学习培训等，在此基础上，还要形成行之有效的约束机制，使学生工作队伍的专家化落到实处。

（二）学生工作主体"三化"建设的必要性

1. 高校为国家培养合格建设者和接班人的需要

大学生是思想政治教育的主要群体，能否做好大学生的思想政治工作，关系到国家的未来能否有合格的建设者和接班人。高校学工队伍是大学生思想政治教育的骨干力量，是高校学生日常思想政治教育和管理工作的组织者、实施者和指导者。育人先育己，加强学工队伍"三化"建设，是保证党的事业后继有人的组织基础和重要任务，所以建设"三化"队伍是高校培养社会主义建设者和接班人的需要。

2. 高校学工队伍自身发展的需要

新形势下，大学生的学习、生活、思维等方式已发生了很大的变化，大学生的思想也日益呈现出多样性和差异性，如何适应高校大学生的成长成才需求，对高校学工人员的职业能力提出了新的要求。此外，随着学工队伍建设的推进，学工人员自身也需要通过自身发展提高专业素质。因此，建设"三化"队伍成为学工人员自身发展的必然。

3. 促进大学生全面发展的要求

由于思想政治教育工作富于规律性和长期性，需要长时间的工作才能取得效果，这种特点决定了必须有一支职业化、专业化、专家化的学工队伍长期从事大学生的思想政治教育工作。此外，在实际工作中，学工人员工作涉及学生生活的各个方面，是与大学生接触最多，也是影响最直接的群体。因此，能否建设一支职业化、专业化、专家化的学生工作队伍，关系到能否实现大学生的全面发展。

4. 切实做好大学生思想政治教育工作的需要

从目前大学生的发展需求来看，他们发展中诸如心理健康、人生规划、职业选择等方面的问题都需要专业的咨询与服务才能解决。此外，学生社会工作与社会实践的发展也需要具有社会工作专业训练人员的参与，等等。这些工作的专业性很强，离开专业教师的指导很难做得好。学工人员走职业化、专业化的道路可以使这些工作做得更深、更好，可以更好地积累经验、把握规律，从而提高思想政治教育工作的实效性。

5. 构建和谐校园的需要

当前，我国高等教育事业进入了一个快速发展的时期，高等教育已从精英教育进入大众化教育阶段，高等教育的发展"量变带动质变"，对高等教育系统和支持高等教育的社会提出了各种问题。这就需要学工人员一方面要有很高的思想政治素质，具有强烈的事业心和责任感，勤奋工作，乐于奉献；另一方面，要有过硬的业务素质，较高的政策水平，要善于把国家的政策要求与本单位的实际情况相结合，创造性地开展工作。要达到这一要求，需要建设一支职业化、专业化、专家化的学生工作队伍。

（三）加强高校学工队伍"三化"建设的路径

1. 转变观念

对高校学工队伍"三化"建设认识不足主要受三个方面因素的影响，分别是社会的认识和评价、学校的认识和评价、自身的认识和评价，所以转变观念必须从这三个方面入手：

（1）转变社会人员的观念

社会人员对一个行业或职业的评价，往往影响个体的职业选择。因此，社会人员对高校学工人员的认识不到位，会影响高校学工人员对自身的认可度。所以，要将高校学工人员从学生的"勤务兵"等观念中脱离出来，向社会展现高校学工人员思想政治教育的专业水平，促进社会人员对高校学工人员认识的转变，这对高校学工队伍的"三化"建设至关重要。

（2）转变学校领导和广大师生的观念

首先，学校领导要从战略和全局的高度认识学工队伍"三化"建设的重要意义，认识到学工人员是大学生思想政治教育的骨干力量，是高等学校教师队伍的重要组成部分；其次，学校领导应在实际工作中注意展现学工人员的专业素养和理论水平，让广大师生树立学工人员是具备一定专业素质的教师的认识，帮助广大师生改变对学工人员的陈旧认识。

（3）转变自身观念

学工人员自身要认识到，高校学工人员是高校学生思想政治工作的主要力量，是与学生接触最密切、影响最广泛的群体，对大学生的发展有着至关重要的意义。另外，随着高校的发展、生群体的变化，对学工人员的要求也越来越高。学工人员应转变自身观念，明确只有成为一名职业化、专业化、专家化的学生工作者，才能适应不断变化的形势，做好新形势下的高校学生工作。

2. 完善体制

为了促进高校学工队伍的"三化"建设，必须不断完善体制中存在的不完善因素，具体可以从以下三个方面入手：

（1）将职业生涯管理的概念引入学工人员选用制度

主要指在选用学工人员时注重职业兴趣和职业动机的考察，并帮助已选用的学工人员进行职业规划。具体可以根据学工人员自身的兴趣和专长，安排学工人员从事自己擅长的工作，比如擅长心理咨询的可以侧重于学生的心理咨询工作，擅长于职业生涯规划指导的侧重于学生就业创业指导工作。这样一方面可以扬长避短，充分发挥学工人员的个人价值；另一方面，有利于培养出有所专长的学工人员，从源头为学工队伍的"三化"建设奠定基础。高校可根据学工人员的职业规划，对学工人员进行职业管理，构筑完善的学工人员培训体系，并对学工人员的职业生涯进行评估和反馈，帮助学工人员成长为职业化、专业化、专家化的工作人员。

（2）完善队伍选拔制度

高校应拓宽学工人员选拔途径，改变单一地从高校毕业生中选拔学工人员的制度。一方面，注重选聘一批教学、科研、管理服务队伍中善于从事学生思想政治教育工作的同志充实学工队伍，选聘企事业单位中具有某一方面学生喜爱的特殊才能的社会工作者担任兼职学工人员，返聘有丰富思想政治教育经验的退休老同志，发挥其思想政治教育的才能，打造合理的学工人员"三化"队伍；另一方面，注重有学生工作经验的老学工人员的留用，发挥其思想政治教育的专长，打造稳定的学工人员"三化"队伍。

（3）积极探索建立学工人员职级序列体系

高校应该考虑大学生思想政治教育工作的复杂性和长期性，根据德、能、勤、绩、廉的标准，仿照行政职务等探索建立学工人员自己的职级序列体系，比如设立副科级、科级、副处级、处级辅导员，从而调动学工人员工作的积极性和主动性，将有丰富学生思想政治教育工作经验的学工人员留在学生的工作岗位上，从体制上推动高校学工队伍的"三化"建设。

3. 解决实际问题

（1）创新学工人员职称评聘制度

由于在职称评聘中，科研条件和教学条件的要求对学工人员有很大的限制，学工人员很难在完成本职工作的情况下，达到教学人员应达到的职称评聘条件，所以应在职称评聘制度上有所创新，体现学工人员的工作特点，将科研能力的考核与学工人员工作实绩的考核结合起来。具体实施上，可以结合学工人员工作的实际，从科研能力和工作实绩两方面来综合考核辅导员，注重学工人员思想政治教育工作的实际效果，一方面可以调动学工人员的积极性；另一方面可以促进学工人员注重工作实效，有利于高校学工队伍的"三化"建设。

（2）探索实施学工队伍与"两课"教师的一体化建设

由于学工人员的工作内容和"两课"教学内容存在一致性，所以高校可以探索实现二者的一体化建设，这样一方面有利于弥补"两课"教学实践性差的不足，将学工人员的亲身实践融入课堂，增加"两课"教学内容的现实性；另一方面有利于提高学工人员队伍的科研能力和理论水平。如果探索成功，将有助于克服"两课"教学与学生工作理论与实践"两张皮"的现象,有利于实现大学生的思想政治教育教学与实践的统一,也有利于学工人员队伍的"三化"建设,实现学科的长远发展。

(3)继续加大学工人员科研支持力度

科研水平是检验高校学工队伍"三化"建设的重要尺度,也是促进高校学工队伍"三化"建设的重要途径,所以有关部门应多安排一些与学工人员相关的科研项目和基金,各高校也要提供相关的支持,力求让学工人员的教学科研条件与专业教师相对等,促使学工人员的实际工作成果转化为理论成果,以完善高校学工队伍的"三化"建设。

4.努力创造学工人员发展空间

(1)加强培训,提升学工人员工作水平

各高校应成立学生工作委员会,全面统筹学校学工人员的培训工作。通过专业技能培训、举办理论研讨、开展工作交流、基层挂职锻炼等措施,帮助学工人员丰富专业知识,开阔视野,提高工作能力。积极倡导和支持学工人员参加专业培训,对获得培训证书者予以奖励,鼓励学工人员进行课题研究,并为学工人员的研究提供经费支持和研究成果发表的平台。

(2)倡导自我进修,自我发展

根据学工队伍建设的需要,分期分批引导支持学工人员参加业务进修,特别是为攻读思想政治教育等相关专业硕士、博士学位的学工人员提供良好的环境。通过一段时间的努力,争取使高校学生工作队伍形成一支有较高学历、较高研究水平和较强工作能力的工作队伍,达到基本上满足新时期的学生工作需要。

(3)制定政策,拓展发展空间

高校应加大对学工人员发展倾斜政策的制定,推进学工人员的职级和专业技术职务聘任序列实施。逐步实行辅导员分级制,可根据从事专职辅导员工作年限、成绩分级,对应提高其政治经济待遇,纳入学校党委干部管理范围。对学工人员的岗位津贴应该确立随全校绩效工资同步增长体制。设立"大学生思想政治教育"技术职称序列,按照助教、讲师、副教授、教授等序列评聘学工人员的专业技术职务。此外,高校还可以考虑把学工人员作为各级党政后备干部培养和选拔的来源之一。

二、工作对象"三自"

科学发展观的核心是以人为本。具体到高校，就是要以师生为本，在教育教学工作中，就是要以学生为本。要将科学发展理念贯穿于高校学生工作，不但要有一支职业化、专业化、专家化的学生工作队伍，更要依靠学生工作的对象——学生自身。学生既是教育的对象，更是学习的主体，蕴含着巨大的教育力量。教是为了不教，管是为了不管，学生的自我教育、自我管理、自我服务是学生工作科学化的主要目标和重要内容。

（一）学生的自我教育

自我教育是在教育系统中，受教育者根据社会标准道德规范及其相关要求，自觉地进行自我认识、自我评价、自我监督、自我控制，有目的地调整自己行动的活动，从而主动达到或接近教育目的的过程。苏联教育家苏霍姆林斯基说："在对个人教育中，自我教育是起主导作用的方法之一。"[①] 自我教育是衡量教育实效性的一个标志，也是学生工作的归宿。学生工作最终要落脚到作为成长主体的学生上，要让他们实现自我成长、自我发展。可以说，目前，自我教育是高校学生工作贯彻科学发展理念的内在要求，也是学生工作的长效标准和最终归宿，更是学生工作深化科学发展理念、克服传统模式的弊端和应对新形势的必然选择。因而高校在学生工作开展的过程中，不要一味地强调教育主体一方，而是要站在系统思维的视野，关注教育的对象——学生，如正面引导，弘扬正气，建立自我教育的引导机制；加强学生会、学生社团等学生组织的建设，保障自我教育的实施条件；将自我教育贯穿到学生日常学习生活和社会实践活动之中，使成长主体的主体性价值得以充分的实现；加强校园文化建设，形成自我教育的良好氛围；将思想政治教育与新生教育、专业教育、心理健康教育和实践就业教育等有机结合，进行全方位、全过程的自我教育；提高教育工作者的自我教育意识，发挥受教育者的积极性；以人为本、贴近学生，发现新情况，解决新问题。

（二）学生的自我管理

大学生的自我管理是大学生为了适应社会发展对个人综合素质的要求，调动

---

① 陈亚.试论大学生职业道德教育中的自我教育 [J].世纪桥，2012（19）：58-59.

自身主观能动性，自觉地利用和整合各方面资源，运用各种有效的管理方法，开展自我认识、自我分析、自我设计、自我组织、自我实施、自我控制、自我监督和自我评价的自我管理过程。自我管理是大学生主体性价值实现的过程，是自身能力素质有效提升的过程。在高校学生工作中，学生自我管理的领域很多，如设立大学生宿舍自律委员会，以宿舍为依托，对大学生予以社区化管理；建立学生党员社区管理制度，即在党总支和党小组的直接管理下，按宿舍楼层把学生党员进行编组，开展相关学习活动，使他们接受学生监督，切实保障学生党员先进性的发挥；建立辅导员助理、见习班主任制度，通过在高年级中选拔管理组织能力强的优秀学生干部担任低年级班级见习班主任，有效弥补管理力量不足的问题；建立学生班规民约制度，对班级日常事务实施自治，采取民主管理等。

（三）学生的自我服务

大学生自我服务是大学生通过相关载体和平台为所在的学生群体包括自己在内所提供服务的过程。要实现自我服务，首先，要充分认识自我服务的必要性和紧迫感。作为即将告别校园进入职场的大学生群体，应当具有自我服务的意识，应该具备自我服务的能力，应该在进行自我服务的过程中全面提升自身能力素质。其次，要充分利用好各级各类服务平台，各级学生社团组织、班集体、生活社区、学生会等学生群众性组织是学生实施自我服务的坚实载体，在这些组织中学生可以互相学习、共同进步，同时，这些组织在学校各部门的领导下对活跃校园文化、稳定校园秩序、沟通民情民意起到很好的作用。

三、工作内容"三性"

工作内容的与时俱进，是高校学生工作科学发展的基础。工作内容陈旧、脱离实际、落后于时代发展的需要，同现实严重脱节，是制约高校学生工作科学发展的主要阻力。要实现工作内容的与时俱进，必须结合时代发展的需要，以实现高校学生工作内容的具体化、层次化和系统化。

（一）学生工作内容的具体性

教育部和地方教育行政部门对高校学生工作做了宏观上的规定，这些规定成为高校学生工作一定时期的主要内容，成为高校学生工作的主要依据与指南。但是从内容上看，这些规定显得过于宏观、抽象。由于各种原因，个别高校在解读规定时，难以深入、不求甚解，使高校学生工作的内容难以具体，操作起来也难以把握。学生工作要符合一所高校的具体实际，必须使其内容具体化。根据科学发展理念的要求，在具体化的过程中，运用现有科学理论认真研究工作对象、工作环境等因素，能够使学生工作内容符合自身实际，而不是过于抽象难以驾驭。针对不同的高校、不同的学生、不同的级别、不同的类型、不同的时期，学生工作要有不同的内容。

（二）学生工作内容的层次性

层次性是自然界当中普遍存在的现象。高校学生工作内容作为一个特殊的系统，其内部的层次性是不以人的意志为转移的客观存在。高校学生工作不仅拥有自己的详细内容，而且其内容也必然具有相应的层次性。由此可见，高校学生工作内容不是单一的，而是集合的，是一个目标系统。高校学生工作内容的层次性可以通过对学生工作内容予以纵向结构剖析展现出来。从不同层次院校的学生来讲，人才培养的目标具有差异性。从不同年级的大学生来讲，学生工作应该具有不同的针对性、指向性和工作内容侧重。从学生个体来讲，不同基础、不同水平、不同成长目标的大学生应该接受不同的教育方式和教育内容，也就是真正意义上的因材施教。

（三）学生工作内容的系统性

系统性是整体思维和结构优化在组织运行中的充分体现。系统是由多种相关因素组合而成的一个具有特定目标功能的组织。就高校学生工作的内容而言，其系统的构成要素有很多，如思想道德、就业指导、安全法治、心理健康、能力素质、形势政策等。强调学生工作内容的系统性，主要在于要将学生工作视为一个有机的整体，以避免将学生工作的各个方面孤立看待，目的是要开阔学生工作者的工作思路，运用运动、发展、变化的观点审视学生工作，提高学生工作的时代性与系统性。

四、工作方法"五化"

高等教育科学化发展，对高校学生工作科学化发展提出了新要求。2004 年

8月，中共中央、国务院《关于进一步加强和改进大学生思想政治教育的意见》，对学生工作方法提出了更高、更全面的要求。新时期学生工作科学化发展，从方法层面应实现人性化、科学化、个性化、民主化、信息化的价值取向。

（一）学生工作方法的人性化

以人为本，在高校学生工作中就是要以生为本，以学生的全面发展为本，把大学生当作有思想、有独立人格的社会公民来看待，就是要坚持以学生的根本利益和成长成才为出发点。高校学生工作要做到以人为本，首先是管理工作要以大学生为中心，从大学生的立场出发满足其合理需求，要尊重大学生、依靠大学生，注重老师管理和学生自我管理相结合；其次，要不断满足大学生的精神发展诉求，善于从大学生自我发展与合理需求的视角完善管理规章，看待问题要善于转变角度、善于结合社会、善于调动各方面的积极性，体现大学生激情与活力的特点，促进大学生的自我实现与超越。同时对学生管理可以依靠引导、激发、鼓励、奖励和惩罚等方法进行人性化管理，加以规章制度约束、监督、处罚、处分等手段进行法治化管理辅助。

（二）学生工作方法的科学化

科学，就是符合客观规律，符合自身实际，体现客观现实，适应环境变化。多年来，我国高校学生工作偏重维护稳定和维持秩序的目标追求，"求稳"重于"开拓"，"守成"多于"创新"。融入时代特征，强调以人为本，明确学生工作要充分认清自身育人功能，充分重视学生在工作过程中的重要地位，充分理解学生工作的价值追求，要以学生为本，服从服务于学生的全面发展，并以培养社会主义合格建设者和可靠接班人为使命。高等教育事业科学化发展要求，对学生工作提出整体上从事务主义层面向全面协调可持续发展层面转变的新要求。

（三）学生工作方法的个性化

因材施教是中华传统文化中的精髓，是教育的真谛。高等教育要实现科学发展，增强育人工作的针对性、实效性和个性化是必然趋势和必由之路。学生工作是育人工作的重要组成部分，学生工作从理念到方法上增强针对性、实效性和个性化，是高校育人工作个性化教育的重要内容。高校在学生工作的过程中，方法的个性化源于对象的个性化，对于不同的教育对象，需采取不同的教育措施，从而促进学生不同的发展。强调因材施教，明确学生工作要充分把握新时代大学生成长成才的身心规律、接受影响的思维习惯和全面发展的实际需求，善于利用信息化手段，充分尊重学生个性，区分学生类型以进行分类指导，并最终实现个性化引导。

（四）学生工作方法的民主化

当代大学生民主意识比较强。在高校学生工作中，诸多领域均要牵涉学生个人利益，工作极有可能使学生产生不公平、不公正、不公开的怀疑，但由于其他因素的影响，这种想法又不会被轻易地表露出来。在这样的情况下，学生可能通过移情的方式在其他方面对老师进行抵触与抗议，甚至产生极端行为。当这样的事情出现后，再要和学生平等交流和学生交朋友，就已经是亡羊补牢为时已晚了，或者需要付出更大的努力才能将关系修补好。平等的核心是人格和思想的平等，学生管理者要放下架子，在内心深处将大学生视为朋友，为能与学生平等沟通交流打下坚实的基础。

（五）学生工作方法的信息化

当今社会已经进入信息化时代，高校同样受到冲击，尤其是属于常规管理的学生工作，在工作方法上，需要进行信息化建设来实现自身新的价值。在大学校园中以通信工具、信息网络为要素的现代信息媒体，正逐渐改变学生的思维逻辑、行为模式和价值取向，而这些都使得现在高校学生工作的方法发生了根本性的改变。利用现代信息技术服务于高校学生工作，是学生工作适应时代发展的必然选择，也是学生工作内在规律的必然要求。高校将信息化应用到学生工作管理中，不仅摆脱了传统复杂烦琐、低效率的管理模式，大大提高了管理的效率，节省了精力，也是对自身在新形势下参与高校综合实力竞争的新要求。学生工作信息化后，学生工作人员可以充分利用网络的及时性、灵活性、虚拟性和动态交互性等特点，更加贴近学生的学习生活，以便更好地为学生服务。

五、工作环境优化

马克思指出："人创造环境，同样环境也创造人。"[①] 环境对人的影响是无形的、潜移默化的，并具有导向、动力和感染的功能。环境育人正是建立在良好的环境能使人接受积极健康的陶冶和熏陶的基础之上，即环境因素的正能量传播。高校学生工作，必然要与环境发生联系和互动。提高学生工作的科学化水平，必须在营造良性互动的工作环境上下大功夫。

大学生的健康成长离不开全社会的关心，学生工作离不开社会诸要素的支持。高等学校是促进经济社会可持续发展的重要力量，同样，各种社会力量也是促进高等教育可持续发展的重要源泉。社会各种力量的支持也是推动高校学生工作健康运行的重要保证。为此，中共中央、国务院在《关于进一步加强和改进大学生思想政治教育的意见》中强调，宣传、理论、新闻、文艺、出版等方面要坚持弘扬主旋律，为学生工作营造良好的社会舆论氛围，为大学生提供丰富的精神食粮。要坚持团结稳定鼓劲、正面宣传为主，反映高等学校学生工作的先进典型和优秀大学生的先进事迹。各类网站要牢牢把握正确导向，主动承担社会责任，积极开发教育资源，开展形式多样的网络活动。重点新闻网站要不断地进行改进和创新，切实增强吸引力和感染力，在学生工作中发挥导向作用。要大力发展文化事业和文化产业，为学生提供更多、更好的文化产品和文化服务。文化部门和艺术团体要进一步推进高雅文化进校园活动，丰富校园文化生活，提高学生艺术修养。充分发挥爱国主义教育基地对大学生的教育作用，各类博物馆、纪念馆、展览馆、烈士陵园等爱国主义教育基地，对大学生集体参观实行减免门票政策。各级政府和企事业单位要鼓励和支持面向大学生的公益性文化活动。坚持不懈地开展"扫黄""打黑"，依法加强对各类网站的管理，净化文化市场和网络环境。

要依法加强对学校周边的文化、娱乐、商业经营活动的管理，坚决取缔干扰学校正常教学、生活秩序的经营性娱乐活动场所，严厉打击各种刑事犯罪活动，及时处理侵害学生合法权益、身心健康的事件和影响学校、社会稳定的事端。要为大学生专业实习和社会实践创造条件、提供便利。要把高校毕业生就业作为就业工作的重要组成部分，常抓不懈，完善毕业生就业市场机制，健全毕业生就业

---

① 中共中央马克思恩格斯列宁斯大林著作编译局编译 . 马克思恩格斯选集第一卷［M］. 北京：人民出版社，2012.

服务体系，落实毕业生自主创业、灵活就业的各项扶持政策。要动员社会各方力量，完善资助困难大学生的机制，帮助大学生解决实际困难。

高校学生工作对大学生开展的思想政治教育要想取得实效以及成果得到巩固，必须优化家庭教育环境，营造和谐的家庭氛围，这是高校学生工作科学发展的必然要求。家庭和谐是大学生健康成长必需的生活环境之一，在读大学生会受家庭环境的熏陶和感染。父母感情融洽，长辈、晚辈之间遵守礼节，家人之间互相信任、互相帮助是温馨家庭不可或缺的条件。大学生在塑造世界观、人生观、价值观的过程中，都会受来自学校、教师、学工人员及其家长的管理与教育，他们对于强行说教的方式必然厌烦。因此，父母亲应以和平民主的方式与孩子相处，关爱呵护他们，进行思想政治教育，让自己的孩子易于接受。和睦健康的家庭环境，不仅是子女生活的良好客观条件，也为学工人员对在读大学生开展思想政治教育提供辅助、保障。因此，构建民主、平等、和睦的家庭环境，为高校学生工作科学发展提供了良好的工作环境保证。

第二章　高校学生管理工作的基础性探究

本书第二章为高校学生管理工作的基础性探究，主要介绍了三个方面的内容，依次是高校学生管理机构与队伍建设、高校学生管理工作中的奖惩手段与创新、高校学生自我管理与民主管理，为学生管理工作的信息化研究奠定了基础。

第一节　高校学生管理机构与队伍建设

在高校学生管理系统中，许多因素都对管理效果起着重要的影响，而要结合、协调诸因素，都离不开管理机构与管理人员。本节重点探讨高校学生管理机构的设置、高校学生管理工作队伍的建设。

一、高校学生管理机构的设置

（一）高校学生管理机构应遵循的原则

一般来说，设置大学生管理机构应遵循的原则主要有以下五个方面：

1. 系统整体的原则

大学生管理工作是学校这个大系统中的一个重要的系统，这个系统的管理目标与学校的培养目标是一致的，即维护高等学校正常的教学、工作和生活秩序，保障学生身心健康，促进学生德、智、体等全方面发展。具体来说，就是要对学生的思想品德、专业学习、体育锻炼、劳动实践、课余活动、行为组织、生活起居以及分配就业等问题进行全面管理。因此，大学生管理系统是个多因素、多层次、多系列、多功能组成的结构群体。这个结构群体中的各要素、各系统、各层次之间存在必然的内在联系，要素和结构整体是不可分离的。因此，整个大学生管理系统组织结构中设置的任何一个部门，任何一个管理层次，任何一个管理序列，它们之间的功能联系及其同整体管理效能的关系都必须要加强注意。否则，必然导致整个系统管理作用的减退和管理功能的紊乱。因此，设置大学生管理机构必须依据系统整体原则，深入分析了解各学生管理机构和它们的构成因素在整个学生管理工作中的地位和作用以及分析它们之间的相互依存、相互制约、相互促进的关系，寻求学生管理机构的最佳组合，将各级、各类、各环节的学生管理活动协调于学生管理系统的整体行为之中，不断推进大学生管理向机构体系最佳状态发展。

目前，我国绝大部分高等学校内部领导体制是党委领导下的校长分工负责制。大学生管理的机构设置从系统整体这一原则出发，就必须做到设立的管理机构系统与学校内部领导体制相适应，避免学生管理工作因多头领导而造成指挥系统紊乱的情况发生。同时，要注意消除机构重叠、工作重复的弊端。至于职能分散，则是在某些机构完成同样的职能时反映出来的。当然，另外一种情况同样是系统整体原则所不容许的，即某种职能总是从机构所担负的责任中漏掉，或者被排斥在所设置的机构之外。只有依照系统整体原则来设置学生管理机构，使各机构职能范围清楚、责任明确、功能彼此相对独立且互补，才可能建立一个从上到下的强有力的工作系统，从而有利于避免学生管理工作中多中心的混乱状态，达到对学生的成才全过程进行有秩序管理的目的。

2. 层次制与职能制结合的原则

层次性是所有事物组成的普遍规律。高等学校的大学生管理系统中有校、系、年级、班、组这样几个层次，层次制指的就是学校这种纵向划分的方法。职能反映的是管理机构的各个系统可能的活动领域，反映的是某些性质不同的工作的集合，这些工作的开展为实现系统的最终目标提供保证。

从学校一级来看，学工委办公室（学生处）、教务处、总务处、宣传部、团委等就是职能单位，在学生管理系统中，它们都从不同的角度对学生进行管理。考察合理的学生管理机构设置，应该主要从职能制角度出发，但也不能忽视层次制。在设置学生管理机构时，必须考虑到在其他条件相同的情况下，层次的增加会导致所需处理的信息量增大，领导者负担过重，会增加系统内活动相互配合的困难。而且随着管理层次和每一层管理内容的增加，便会出现由于管理过程复杂化而造成效能下降的情况。

目前我国大学生管理机构设置的普遍情况是层次越高，职能制单位越多；层次越低，职能制单位越少，但直接管理的对象却越多。因此，根据整体原理机构设置中要有全局观念，要考虑到上下左右的联系沟通，使机构减少到最低限度，便于低层次中建立起相应的机构，使职能制与层次制相结合，互相补充，以取得最佳的管理效果。

3. 职、责、权相一致的原则

机构设置与人员配备坚持职、责、权一致的原则，是发挥部门职能作用和使其协调一致的关键问题。职是职务、职能，责是责任，权是指依据职能、任务所赋予的权力。职责应有明文规定，并与权相一致。

明确每一机构的职能，使在其中任职的工作人员都能与他们的技能水平和能力相等是非常重要的。要严格地确定和分配职能以保证各机构对自己所完成的全部任务负责，并达到精简不必要机构的目的。在设置机构和安排职务时应该本着任人唯贤和人能相称的原则，因事而择人，安排适当的人员对其进行合理地分配任务，使职责统一，并按履行责任的需要，授予他们相应的权力，各个机构、各个部门都要分工负责，要从上到下建立岗位责任制。明确各管理层次和职能的职责范围、权力界限，使每个工作人员都能各司其职，各尽其责，各善其事。而且要严格岗位责任制的考核，以纠正过去职责不清、赏罚不明的现象，形成一个有效的、有秩序的学生管理新格局。

这里要注意的一点是，如果职责过分具体化或者工作人员任务过于狭窄，也会束缚他们主观能动性的发挥，甚至在发生突发事件时，丧失有效管理的可能性。因此，对每一机构和每一工作人员来说，权责一致过程中重要的是要确立他们所履行的职能的适宜性和特殊性程度，这同样是保证管理机构符合责权一致原则的前提。

4. 集中管理与民主管理相结合的原则

集中管理与民主管理可以说是当代大学生管理中两个不可分离的组成部分，它们互为前提。只有高度集中，学生管理工作才有高效益，但也只有充分发扬民主，才能更有利于保证管理过程的高度集中。因此，大学生管理的集中化和民主化的相互关系在管理机构实际履行职能过程中得以体现，它在很大程度上预先决定着能否达到系统所要实现的目标。集中管理的主要任务是根据学生管理工作的特征，做出统一的管理战略决策。

在垂直联系的系统控制之下，常常是学校最高层领导人的责任范围不适当的扩大，他们不仅被授权做出管理战略方面的决策，还参与具体的管理活动，留给他们处理重大问题的工作时间很少。随着学生管理系统的复杂化程度和管理信息的扩大，具有较强机动性特点的较低层次，尤其是系一级的学生管理活动就日益具有更大的价值。

因此，集中管理与民主管理结合原则的意义就在于设置或调整学生管理机构时要使管理机构内部的权力和责任进行相应的重新分配，尽可能地把战略性职能和协调性职能与具体的管理活动分开，在形成或改造管理机构的过程中，适当调整不同层次机构在学生管理工作中的参与决策、实施管理方面的作用。而且，在整个管理机构系统内，除了建立健全决策、执行系统外，还要建有监督、咨询和反馈系统，使整个管理组织具有良好的控制能力。[①]

集中管理与民主管理相结合的另一个意义，是在设置大学生管理机构时，要建立起符合民主原则的管理机构和管理制度。要充分发挥管理对象，即大学生本身在管理中的作用。过去有的学校对学生管理效果不佳的重要原因，就是没有遵循民主管理原则，把学生当成消极被动的管理对象，在工作中单纯采取限制、压制和惩办的手段。而要保证民主管理的实现，就必须通过不同的形式，吸收学生参与管理，使学生会和学生代表大会等学生自己的组织真正成为学生管理工作的有效监督系统和反馈系统，甚至在一些学生管理机构中也可吸收学生代表参加。这样，形成大学生管理机构系统在集中领导下的民主气氛，使学生管理工作达到最佳的管理效果。

5. 因校制宜的原则

大学生管理机构设置方式在不同的学校，由于其所处的社会环境，它自身的历史发展，以及学校的类别、任务、规模、条件、学生来源、领导力量、管理人员素质及校风、学风等各种因素的差异，不可能达到相同的管理效果。即使是同一学校、同一机构内，由于管理者的素质及工作作风的不同，也可能产生各具特色的、多样化的管理效果。因此，各校学生管理机构的设置，只能因地制宜，因校制宜，在统一要求下，从实际出发，实事求是，根据工作的需要，研究设置管理机构。一般来说，中等规模的学校与小规模学校的机构相比，可能更需要一种完善的学生管理机构，至于大规模学校的机构则更应该从上到下地加以周密考虑。组织机构的设置，各校可根据教育部划定的大原则、大框架结合本校自身的特点，进行慎重而周密的试验，不断总结经验，不断探索，逐步摸索出适宜本校并能达到最优管理效果的学生管理机构设置方案。

（二）大学生管理机构结构的形式与机构的设置

从理论上可以归纳为"直线型""职能型""直线—参谋型""直线附属型""矩阵结构"等形式。目前，多数学校采用的是"直线—参谋型"或"矩阵结构"形式。

---

① 刘伦. 高校学生管理制度创新探索 [M]. 重庆：重庆大学出版社，2006.

"直线—参谋型"的结构形式是把大学生管理人员划分为两类：一类是直线指挥人员，如校、系负责人，他们拥有对较低层次学生管理部门实际指挥和命令的权力，并对该组织的工作负全部责任；另一类是职能管理人员，他们是直线指挥人员的参谋，作为直线领导的参谋和助手，他们只能对指挥系统中的下一级管理机构进行业务指导，而不能对他们直接进行指挥和命令。

"直线—参谋型"的最大优点是它的上下级关系很清楚。这种结构形式中的职能机构，是按照一定的职能分工设置的，担负着学生思想、教学、行政、生活等方面的管理任务，职能机构通过各自分管的学生管理任务，对有关管理工作起着业务指导和保证作用。

具体说来，职能机构担负着以下职责：向领导提供有关情况和报告，并提出建议和方案，供领导决策时参考；监督下级机构对上级领导的指示、命令和有关计划的执行，检查执行情况，以便更好地贯彻领导的指示和意图；协助各级领导，具体办理有关学生管理业务，为下级管理机构创造完成任务的保证条件，在业务上指导和帮助下级组织。"直线—参谋型"结构领导关系简单，能始终保持集中统一指挥和管理，避免了机构系统中多头指挥和无人负责的现象。因此，学生管理方面出现问题就可以一级找一级直到问题解决；同时，各级领导人员有相应的职能机构做参谋，可以充分发挥其职能管理方面的作用。但是，事物之间除了纵向联系外，还存在着横向联系，"直线—参谋型"的结构形式在实际执行中也有明显的矛盾。

由于该结构系统的客观原因，在一系列组成单位中不得不分散管理职能，这样，当管理建立在把一切工作形式明确地独立出来和对职能有明确分配的时候，这种管理活动的每一个参与者就都能够明确目标。然而，虽然它们都是按照学校统一计划、统一部署进行工作的，但由于分管不同业务，观察和处理问题的方法、角度各有侧重，彼此间往往会产生矛盾。此外，在这种结构系统中，垂直联系高于一切，解决与战略任务并存的、大量的具体管理问题的任务和权力聚集在上层，诸如伙食问题、寝室问题等具体问题经常压倒一系列长远任务，而且使在系统发展过程中所产生的新任务的解决面临困难。

因此，需要有这样一些管理机构，它们能较好地适合学生管理系统发挥作用，在较特殊的情况下，也能有效地协调各方面的职能，"矩阵结构"管理系统就是这样一种结构。在这种结构范围内，不是从现有的隶属等级立场出发，而是集中在所有形式的管理活动整体化和改进这些活动形式的协调动作上。因为只有这样，才能创造条件有效地促进管理目标的实现。例如，为了加强对学生的思想政治教育及对学生的全面管理，为了开展评先奖优活动，在党委和校长的领导下成立的学生工作委员会、奖学金评定委员会、毕业生分配委员会、群众体育运动委员会等，都是按照专项分工，把各职能部门工作从横向联系起来，形成全校学生管理工作的矩阵组织结构。

矩阵组织结构的特点是：纵向的是"直线—参谋型"组织形式，按层次下达任务，各有关职能部门按其职责范围，分别按层次贯彻学校的学生工作计划；横向则是由职能部门抽人组成的，按其专项任务分工的组织，这些组织中的人同时接受职能部门的主管和专项主管的双重指挥。这些纵向的矩阵型结构有机地结合在一起，互相配合，对学生的工作进行综合管理。

在这种结构形式下，原有管理结构仍然是完整的，但实质上，管理结构的权力关系和它的各个部门的职责却发生了变化，即把做出决定的责任和对执行情况的监督归为专项工作组织，而职能部门则从系统所要求的信息、管理工作的实施和其他方面来保证系统实现其管理结果。学校领导就可从一些非原则性的日常问题中摆脱出来，并可以提高管理结构的中间层、较低层次的灵活性和对解决问题的质量的责任感。

在具体机构设置方面，我国各大学的学生管理机构设置是多种多样的。传统的机构设置方式是党委、行政并行发展。有的学校在党委领导下设立学生工作部作为党委管理学生工作的职能部门，力图实现学生管理工作的统一实施。但由于学生工作部是党委分管思想教育的职能部门，不具备行政管理功能，所以，招生、学籍管理、毕业分配等具体的学生管理工作仍需由行政系统的教务处、人事处等负责，结果形成一场学生管理"接力"，教务处负责把学生招进学校，然后学生工作部组织实施思想政治教育，最后由人事处来进行分配。

有的学校则设立学生工作处作为分管校长下属的从事学生管理工作的职能机构，把学生从入校到毕业分配全过程的管理工作统一起来。但在目前我国高校实行的校长分工负责制体制下，设置学生工作处也未能解决思想政治教育与管理工作脱节的问题，而且有时还会以管理代替教育，削弱学生的思想管理工作。因此，有的学校直接采取学生工作部与学生处并存，甚至采取合二为一的机构设置方式。这样的机构设置，从整体上讲，学生工作高度集中统一，思想教育与学生管理融为一体，工作效能比较高。但是，这种党政合一的机构设置也存在某些不合理的因素，而且作为一个职能部门，试图把分散、多头的学生管理工作统一起来，在客观上仍然是较难做到的。

在最近几年，有的大学出现了由党委和校行政委派组成的一个专司学生工作的综合性机构——学生工作委员会。它的主要职责是对学生管理工作进行整体协调，对学生的思想管理、学籍管理、行政生活管理等管理工作进行决策，对学生工作的经验进行总结、交流、推广。在学生工作委员会下设办公室（或学生工作处）作为自己的办事机构，通过该办事机构使学生工作委员会这个综合性机构处于相对稳定的状态、把各职能部门所承担的学生管理工作整体化，形成一个紧密联系的、封闭的管理体系。

根据这一指导思想，各系成立相应的学生工作领导小组，全面领导和协调本系范围内的学生管理工作，各年级成立由辅导员、班主任及有经验的任课教师参加的学生工作小组，协调本年级的学生管理工作。通过校、系和年级学生工作委员会及领导小组的作用，把传统的以纵向直线为主的管理系统，分层次地从横向上联系起来，形成学生管理机构的矩阵结构体系。部分大学经过实践，发现这种学生管理机构设置有四个方面的好处：第一，符合简政放权原则；第二，学生管理工作有了一个强有力的统一指挥机构，整个学生管理工作的计划、实施、检查、总结成为一个体系，符合科学管理原则；第三，大大减少了管理上的一些不好的现象，符合高效管理原则；第四，信息反馈比较灵敏而且方向稳定。

学生管理工作委员会与职能部门固定机构相结合的大学生管理机构设置，在实践中表现出它的优势，这可能是我国大学生管理机构设置的发展趋势，如何充分发挥所设学生管理机构在新时期大学生管理工作中的作用，还有待于在管理实践中不断地完善。

二、高校学生管理工作队伍的建设

大学不仅要有高效合理的管理机构，严密有效的规章制度，更要有一批精明能干的管理干部，依靠他们的积极性和创造精神去工作，有了这样几方面的完美结合，大学生的管理工作才能取得理想的管理效果。可以说，管理大学生一切工作的支撑点在于管理干部。最大限度地调动和发挥广大学生管理干部的能动性，形成目标高度一致的管理工作集体，组织以人才培养为中心的协调的、高效率的、有节奏的管理活动，是大学生管理工作的实质，其核心是建设一支素质高、结构合理、战斗力强的大学生管理队伍。

（一）高校学生管理队伍建设的意义

1. 学生管理队伍起着决定性作用

大学生管理是高等学校管理工作的主体，是从管理上保证高等学校完成培养四化建设合格人才的一项系统工程。它直接关系到学校的安定团结，关系到正常秩序的建立，关系到能否教育学生抵制错误思潮和不良风气，以建立良好的校风学风，促进学生健康发展，自学成才。

高等学校学生应当具有坚定正确的政治方向，热爱社会主义祖国，拥护中国共产党的领导，积极参加社会实践，走与工农相结合的道路；应当具有为国家富强和人民富裕而艰苦奋斗的献身精神；应当遵守法律、法规、校规、校纪，有良好的道德品质和文明风尚；应当勤奋学习，努力掌握现代科学文化知识。这体现了社会主义大学生管理的本质，适应了社会主义政治、经济对大学生管理工作的要求。

然而，学生管理的社会主义方向能否坚持，管理目标能否实现，直接起决定性作用的是管理干部。由于大学生管理是以人的集合为主的系统，其管理工作充满了教育的特点。因此，管理干部在学生从入学到毕业的在校阶段的学习、生活、行为的全过程中发挥着不可替代的组织、领导、督促检查、控制、协调、指导帮助和激励、惩罚等方面的决定性作用。在学校这个培养人才的系统中，无论从诸因素的相互关系去分析，还是从各个工作环节去分析，作为以教育者为主体的管理干部，始终处于主导地位，涉及学生成长的一切工作都是通过他们进行的，学校工作的成果，培养人才质量的好坏，归根结底也有依赖于他们。当前，随着改革开放的不断深入，各种文化思想、新旧观念的冲突，造成了部分学生思想的不稳定。因此，加强科学管理尤为重要。而管理干部，特别是领导干部在体现大学生管理的本质和职能上起着决定性的作用。

2. 学生管理队伍起着骨干作用

学校工作应以培养人才、促使青年学生健康成长为中心。大学生管理的目的在于全面实现高等教育的目标，也就是提高管理水平，促进人才素质的提高，使大学毕业生能主动适应社会主义现代化建设的需要。

大学生管理的基本要素有四个：一是管理对象，二是管理队伍，三是管理内容，四是管理手段。在这四个要素中，虽然管理对象是管理活动的主体，但是开展管理活动的主力却是管理队伍。管理对象要靠管理队伍教育培养，管理内容要靠管理队伍制定，管理手段要靠管理队伍去运用和改革。任何先进的管理手段，都只能作为辅助工具，不能代替管理队伍。

学校的一切工作，包括正常的教学、生活秩序的建立和维护，学生良好行为习惯的养成，严谨、科学、优良作风的培养，德、智、体诸方面的全面发展，都需要管理队伍去精心决策、计划、组织、指挥和控制。而且，随着国家建设的需要，高等学校培养人才的任务日益繁重，可以说是以往任何时期都不能比拟的。而改革过程中新旧体制胶着对峙的状态导致不同社会利益矛盾大量存在，有的还趋于表面化，最突出的问题是形成了议论多的难点、热点。这些改革动态过程中出现的问题，无一不在社会的晴雨表——大学生身上反映出来，国内国外各种势力也都把自己的希望集结在大学生身上。所有这些都增加了大学生管理工作的复杂性和困难性。因此，时代对大学生管理队伍的要求也越来越高，大学生管理队伍在学校人才培养目标的完成上的作用也越来越重要。

3. 学生管理队伍发挥着主导作用

管理队伍对管理的本质和职能的决定作用，以及完成管理任务时的骨干作用，都是管理队伍在大学生管理工作中的主导作用的体现，而发挥管理队伍在培养人才工作中的主导作用，又是管理过程中掌握管理规律和贯彻管理原则的需要。

管理过程是学生在管理工作者指导下认识客观世界的一种特殊的认识过程。在此过程中，存有多层次多方面的关系、矛盾、规律，而管理队伍与学生两方面的活动乃是管理过程中最主要的活动，发挥管理工作者的主导作用和调动学生自我管理的主动性和积极性乃是主要矛盾和主要规律。尽管管理过程中还有其他各种关系，诸如思想管理、行为管理、智育管理、体育管理、美育管理方面的关系，管物与管人的关系，学生管理与教师管理的关系，管理者的素养与管理效果的关系，管理效果与管理者对大学生心理特点、思想特点认识程度的关系，以及宏观方面的学校教育和学生管理与外部世界的关系等，但是，这些关系、规律都是从属于管理过程的总规律的。为了正确地反映和掌握这些规律，实现一定的管理目的，管理工作者经过长期的探索，提出了一系列的管理原则：诸如为社会主义现代化培养合格人才的原则，实事求是、一切从学生实际出发的原则，系统综合管理原则，管理与教育相结合原则，民主管理原则等。

在这些原则中，发挥管理工作者的主导作用和启发学生的主动意识，与培养学生自我管理能力相结合应成为中心环节，而在管理工作者与学生这对主要的矛盾中，管理工作者又是矛盾的主要方面，因为这些原则的贯彻归根结底还要靠管理工作者去发挥主导作用，还要靠管理工作者全面掌握和运用，进行创造性劳动，去启发学生配合管理，积极主动地按照德、智、体全面发展的人才标准进行努力。

4. 学生管理队伍在特定时期发挥着特殊作用

高等教育的培养对象不同于普通教育，大学生的生理特点和心理特点不同于中学生，他们的心理特点和思想特点是由他们所处的社会环境和他们的地位的变化、学习活动的变化以及生理变化所决定的，社会政治、经济乃至社会舆论和社会生活方式对大学生的影响是很直接、很密切的。

社会主义新时期的大学生管理工作已不是一般地培养良好思想、良好行为习惯，而且还担负着系统地向学生进行马克思主义教育，特别是辩证唯物主义和历史唯物主义教育，坚持正确的导向，不断提高学生的政治免疫力，努力创造良好的内部环境的重任。在加强对学生思想教育的同时，要严格大学生管理工作，使学生不断增强历史责任感。显然，在社会主义新时期的大学生管理工作中，管理工作者不仅在提高教育质量方面发挥着普遍作用，而且还日益显示出在学生成才导向方面的特殊作用。这些都充分说明建设一支各方面素质良好、战斗力强的学生管理队伍，是办好社会主义大学的一个重要措施。

（二）高校学生管理队伍组织建设

目前，在我国高校中直接从事大学生管理工作的队伍主要由年级辅导员和班主任组成。年级辅导员大都由青年教师或少量高年级学生、研究生来担任，其中包括一部分专职从事思想政治工作的青年干部，班主任则全部由教师担任。另外，在校、系两级还分别有一部分干部专职从事大学生的学籍管理、行政人事管理和思想管理工作，他们分别在大学生管理机构中担任一定的职务或是作为具体的工作人员。

从整体上看，从事大学生管理工作的这支队伍，熟悉业务、熟悉学校环境、熟悉整个大学生管理工作规律，熟悉学生生理、心理等方面的特点，而且有干劲、有热情，能积极开展学生管理工作的研究，在学校管理工作科学化、规范化、现代化等方面不断跨出新步伐，取得新成果。但是从目前实际的学生管理情况和国家对大学生管理工作的要求来看，这支队伍仍明显不适应需要。高校的学生管理工作，除专职的学生管理工作者外，广大的业务课教师以及学校行政、教辅人员，也应是此项工作的承担者。不管教师或教辅、行政人员本人是否认识、是否承认，"教书"以及学校的其他管理工作都在起着"育人"的作用，都对学生思想品德、言行情操起某种规范、导向的作用，这是不以人的主观意志为转移的客观规律。但由于各种原因，高校专业课教师中，能比较经常、比较自觉地管理教导的人还是少数，大部分人除了上课，其他管理、教育工作都推给了学生管理干部。由于高校学生管理工作队伍的力量是如此的大，也就不难理解高校学生管理工作为什么容易出现某种程度的宏观失控、微观紊乱的局面，也就不难理解大学生管理工作为什么多年来成为牵动全局的大问题。

加强专职学生管理队伍的建设，并不是简单地追求数量的增加。正确的方针应该是在保证相当数量基础上的少而精，使学生管理干部向这方面的专家方向发展。因此，要纠正过去那种认为学生管理干部只要能带领学生劳动、打扫卫生就行的错误思想，要纠正把学生管理干部当成"万金油"的错误倾向，有必要对高校现有的专职管理队伍进行适当的调整充实，对一些政治上、思想上不合格以及部分能力偏低、难以胜任工作的人另行安排工作，把那些有事业心、有组织能力、政治觉悟高、业务好的同志充实到学生管理工作的岗位上来。

同时，要积极从高校的学生管理专业、第二学士学位班中培养专职学生管理干部，从优秀的毕业生或研究生中选留有志于学生管理工作的同志充实管理队伍。加强专职学生管理队伍的建设还要求建立独立于专业教师外的专业技术职务晋升体系，大胆果断地破格提拔他们当中的优秀分子，放到工作第一线的关键位置上去锻炼，使他们从亲身的工作中体验到成长和进步，一旦这样的机制形成后，这支队伍就会越来越精，越来越强。

建立一支专职的学生管理队伍，能保证大学生管理工作的连续性、稳定性。但是，学生管理工作是多因素、多序列、多层次结构的综合体，与过去相比，管理的内容和形式都发生了很大的变化。可以说，一个学校，只要有学生，就有管理工作。无论从时间角度，还是从空间范围而言，学生管理工作无处不在、无时不有。显然，学生管理任务单靠少数专职管理人员是很难完成的。因此，必须建设一支宏大的兼职学生管理工作队伍。

所谓兼职学生管理工作队伍，主要是指由专业教师或其他职工兼任的年级辅导员、班主任、学生导师，一般做法是从本校教师中，也可从研究生或本科高年级学生中以及学校其他政工干部或管理干部中选拔聘任。教师兼职从事学生管理工作，不单是因为他们与学生有天然的师生关系，对学生有较大的影响力，而他们在与学生的接触中，能及时准确地掌握学生的思想、情感、个性等方面的变量，可以从管理的角度给学生指点方向。因此，把学生的教育管理工作渗透于业务教学之中是完全可行的。

高等学校职工，尤其是直接接触学生部门的职工，在某种意义上是大学生的管理者。这些职工若都能配合学校的管理目标，从各自的工作实际出发协助做好有关的学生管理工作，那就会使管理队伍在更广阔的领域得到延伸，使其成为学生管理工作的新"能源"。

现在关键的问题在于，高校必须用政策去调动广大专业教师和其他职工兼职从事学生管理工作的积极性，调动他们教书育人、管理育人的工作热情。因此，高校必须在具体的工作中，真正体现出在工作的评估、职务的聘用上，把是否兼职从事学生管理工作，以及是否教书育人、管理育人作为一个硬性指标，既有定性的评估，又有量化的考核，以此激励广大教职工积极投身到学生管理工作中去。

加强大学生管理队伍的组织建设，还意味着要加强有着浓厚学术性的学生管理、咨询、研究力量的配备工作。这些工作既要面对学生中涉及的政治、历史、人生观、价值观和精神卫生、行为规范的问题，又要为学校领导做好调研工作，起到类似智囊团的作用，即通过他们自觉地用党的方针政策、用教育理论和教育科学衡量学生管理工作，促使学生管理工作科学化，并研究学生管理工作的周期性、规律性，促使学生管理程序规范化，以取得最佳管理效果的方法来改进管理过程。这一方面的力量主要应来自有相当理论基础的教师和有丰富学生管理经验的专职干部。

（三）高校学生管理队伍制度建设

高校学生管理队伍制度要求为大学生管理工作的高效、高质开展提供了人员、队伍方面的保证，可以说，它完成了大学生管理队伍建设方面的"硬件"建设。但是，一支优质的大学生管理队伍，还要依靠不断提出新的要求，制订工作规划，进行组织培养，才能不断提高管理队伍的思想水平、管理能力和学术水平。因此，必须加强大学生管理队伍建设方面的软件制度建设。

为适应新形势对大学生管理工作的要求，必须确立大学生管理队伍的职责范围，建立有关规章制度，使大学生管理队伍建设规范化和科学化，使大学生管理工作在最有效的、最可靠的、最佳的状态下进行。

大学生管理队伍的制度建设包括的内容有：大学生管理干部工作岗位责任制度、大学生管理干部工作评价监督制度、大学生管理干部的晋升考核制度、大学生管理干部的培养进修制度、大学生管理干部的淘汰制度等。这些制度中工作岗位责任制度和评价监督制度必须首先明确。

1. 高校学生管理队伍的岗位责任制度

大学生管理队伍的工作岗位责任制度就是把学生管理工作的有关规定、要求、注意事项具体落实到每个管理者的一种责任制度，它使得每个管理工作者都有明确的分工和职责，并可为评价每个管理工作者的成绩提供依据。

各层次的大学生管理队伍的工作岗位责任可大致划分以下六处：

①校学生工作管理委员会主任肩负着统一指导和协调全校学生管理工作的重任，他要根据学校党委和行政学期工作计划，制订全校学生工作的学期计划，同时在学期内根据不同年级的不同特点，对阶段性的学生管理工作进行组织、安排和实施；定期分析学生思想动态，为党委和校长对学生管理工作的决策提供准确的材料；安排全校学生管理干部培训，并与人事处一起组织和落实学生管理干部的专业职务评定工作；根据全校学生管理工作的总体要求，协调全校各部门学生的思想教育、后勤服务、学籍管理等工作。

②校学生工作委员会办公室（或学生处）主任在学工委领导下主管全校学生

行政管理和思想教育工作。根据学工委的决定协调有关管理机构的学生管理工作，并积极配合、组织和检查基层学生管理工作；负责奖学金、贷学金的管理、评定、调整和发放；主管招生和分配工作；协助教务处进行学籍管理，办理退学休学、复学和转学手续；检查和维护教学、生活秩序和纪律；统一处理学生来信及来访工作；掌握全校的学生统计工作。

③系学生工作组组长在系党总支和系主任的领导下，组织实施学生的学习活动和学生管理；认真组织和安排好政治学习和形势教育任务；抓好学生中党团的思想建设和组织建设；指导和支持年级辅导员、班主任开展工作；协助班主任做好学生操行评定、"三好"评比工作和毕业生分配工作，并努力掌握学生思想特点和发展变化规律，探索学生管理工作的经验。

④年级辅导员负责统筹本年级或本专业学生日常思想政治教育和有关的学生管理工作，在系党总支领导下，组织好年级学生的政治形势教育、新生入学教育以及学生在劳动、实习、军训、毕业分配中的思想政治教育工作；负责协调安排本年级学生的社会实践及课外公益等活动；根据本年级的具体情况，制订学期工作计划，指导、检查班级计划实施情况；对学生的升留级、休学、复学、退学、奖惩、奖贷、品德评定、综合测评、毕业分配等工作提出具体意见；开展对工作对象、任务、方法等课题及有关理论的科学研究工作。

⑤班主任是学校委派到班级指导学生学习，负责学生管理工作，并配合党团组织和年级辅导员开展学生思想教育和管理工作的教师。班主任要坚持四项基本原则，用爱国主义和共产主义思想教育学生；引导和督促学生，指导班级开展各种学习活动，帮助学生改进学习方法，不断提高学习效率，发挥好教与学之间的桥梁作用；全面了解和掌握学生情况，做好本班学生的品德评定，德、智、体综合测评，评定奖学金、贷学金、困难补助、年度鉴定及毕业生鉴定等工作，做好班干部的选拔、培养和指导工作；指导学生的课余生活，加强学生的集体观念，培养团结向上的好班风。

⑥导师由忠诚于人民教育事业、责任心强、品德高尚、教学经验较丰富、学术水平较高的讲师及以上教师担任。导师工作侧重于学生专业学习的指导和学术思想的熏陶，兼顾思想政治教育工作，努力把思想政治工作深入专业学习的全过程，在对学生专业学习启发指导的同时，对他们进行思想政治上的疏导；发现和

推荐优秀学生，并向系提出破格培养的建议；全面关心学生，每年对所指导的学生进行考核，写出评语。

在建立具体的岗位责任制度时，应详细说明某一职位的大学生管理干部在任期内必须开展的工作有哪几方面，每一项工作要达到什么程度。而且，这些内容必须是有实践基础的，必须切合实际。

2. 高校学生管理干部的评价监督制度

开展大学生管理干部的评价监督具有多方面的作用：首先，确定大学生管理工作的质量标准，建立科学的评价指标体系；其次，评价监督制度能使大学生管理干部找出差距、增强自我调节的机能，在优化整个大学生管理工作的同时，发挥自己的特长和优势，努力创造出管理工作的新水平；再次，它能调动大学生管理干部的工作热情，促进职能部门之间的竞争，有力地调动大学生管理干部的积极性；最后，实行评价监督制度能够为决策机关在决定管理工作者的职务晋升、薪金（包括奖金）调整、人事调动时提供科学合理的依据，避免凭个人印象决定、论资排辈依次轮流等不合理做法，从而提高大学生管理干部的工作积极性。因此，无论从加强管理队伍建设方面说，还是从强化管理工作者的素质、能力和工作责任感说，都必须积极开展管理队伍的评价监督工作。

开展大学生管理干部的评价监督工作，最关键的是建立有量和质概念的管理工作评价监督体系。一般而言，建立该体系应遵循以下四条原则：

（1）方向性的原则

评价干部的目的在于促进大学生管理工作的规范化、科学化发展，引导大学生管理干部立足现在，顾及长远，为培养社会主义建设所需的专门人才这一总目标高速、高效、高质地工作，力争大学生管理工作的最优化。

（2）可比性的原则

即评价的对象及其评价项目的确定必须有可比性的，使评价项目有着基本相同的基础和条件，使大家可以按评价项目进行量和质的比较；同时，评价指标本身要尽可能量化，以期在更细致的程度上求得同质和可比。对难以量化的指标则进行定性评议，使定量评价和定性评价有机地结合起来，从而尽可能真实地反映出一个人的工作状况。

（3）科学性的原则

评价指标体系应能客观、真实、准确地反映各管理干部工作现状、成绩和水平。各级管理干部的管理工作相对独立且复杂，如年级辅导员，其工作范围非常广泛，建立指标项目不可能面面俱到，只能抓辅导员职责范围中的主要工作和集中反映辅导员工作成绩和水平的重要环节。

（4）可行性的原则

大学生管理干部工作评价指标体系应在不妨碍评价结果的必要精确度和可能性的前提下，尽可能做到简要明白，简便易行，从而便于评价人员掌握和运用。

根据上述四条原则即可制定出一份与大学生管理干部岗位责任制相符的、定性定量相结合的、侧重于定量的评价指标体系，并要求各层次干部按其职责和评价目标开展工作，尽职尽责地把工作做好，这是开展评价活动的出发点和最终目的。

第二节　高校学生管理工作中的奖惩手段与创新

一、高校学生管理工作中的奖惩手段

（一）奖惩在行政管理中的重要手段

1.奖惩在学生行政管理中的具体运用

激励是管理学和管理心理学中的一个重要概念。所谓激励就是指通过一定客观刺激，增强人的行为的内在动力，促使个体有效地达到目标的过程。所以激励是激发人的行为动机的心理过程，也可以说激励过程就是调动积极性的过程。

在学生行政管理中，奖励就是从正面来肯定学生思想行为中的积极因素，根据有关规章制度给予精神或物质上的正面刺激，以达到鼓励先进、弘扬正气之目的。惩罚（处分）则是从反面否定学生思想行为中的消极因素，根据不良行为的情节轻重和纪律规定给予教育或处理，以达到明辨是非、纠正错误、促进转化之目的。当某一学生的行为受到肯定，得到鼓励时，他们的心理上就会得到某种满足，一般情况下能激励他们沿着同一方向产生更高层次的要求，激发他们更加努力地工作；而当某一学生的行为受到制止时，由于触动其自尊心，在受到教育时，一般都会检讨自己的行为原因，纠正自己的行为。

由此可以看出，奖励和处分主要是通过支持、鼓励或制止、清除学生某种行为，以外部刺激的方式对人的行为起着加速或延缓的作用。奖励或惩罚在这里是作为一种措施在学生管理中的实际运用。在学生行政管理的实际工作中，奖励激励的运用较为普遍，而惩罚激励似乎不大好理解。实际上作为外部刺激的惩罚与调动人的积极性的作用之间存在着辩证统一的关系。激励本身包含有激发的作用，惩罚从某种意义上看就是一种与奖励不同角度的激发，当某个学生受到处分时一定会产生不愉快的情绪，必然会引起心理上的紧张不安和内心矛盾的斗争，这种内心矛盾的激发，可以促进其产生周密细致的思考，从而分清是非、抑制不良的思想行为。因此，惩罚也是一种积极的、可以催人上进的外部刺激，也就是说处分本身就是对违纪学生的一种激励。在高校学生管理工作中，有效而正确地实施奖惩激励，不仅可以激发学生成才进取，调动学生的积极性，还可以严肃校纪，整顿校风。

2. 奖惩在学生行政管理中的辩证关系

奖励和惩罚作为高校学生行政管理的重要手段，与思想政治教育的其他方法相比，具有明显的刺激特点，其社会影响更为广泛。因此，正确地运用奖励和惩罚的方法，是使人们的思想意识和行为习惯适应社会主义政治价值体系的有效手段。

奖励与惩罚是紧密相连的。在高校学生行政管理中，奖励与惩罚是同一强化过程的两个方面，二者相互联系，不可分割。但是，奖励与惩罚又是相互区别的。在确定的时间和空间范围内，在针对具体事件进行奖励与惩罚时，奖励就是对人的行为的肯定过程，惩罚就是对人的行为的否定过程，二者相互区别，不可混淆。

（二）奖惩考核体系的建立

1. 实施奖惩的工作依据

目前，我国高校奖励工作大多采取通过对学生素质的综合测评来进行。各校制订的综合测评的实施方案，实际上就是对学生德、智、体诸方面进行全面考核的一个指标体系。因此，各高校能否建立合理的考核体系，是衡量学生考核工作是否成功的重要标志，也是开展学生奖惩工作的基本前提。

学生综合测评内容基本上是按德、智、体三个大的方面进行考评。但是在具体的实施过程中，智育和体育方面容易量化，而德育方面的考核工作是一个难度较大的问题，因为这里有一个"量化"的问题。大学生政治思想测评量化问题，目前全国各高校都处在探索和尝试的过程中。人的思想政治品德，有其外在表现的一面，也有其内在心理素质和道德涵养的一面。这两个方面，特别是后一个方面，是比较难量化的，起码是不能简单量化的。近年来，围绕大学生思想品德测评的问题，高等学校思想教育部门及行政管理部门的同志进行了许多探索和尝试。

（1）大学生德育的量化考核

综合目前全国高校的德育量化工作，一般的做法都是从学生思想品德的实际出发，把德育考核分解成两部分，即基本素质（一般量化定为60分，称为基础分）和参考附加分（量化分为正分和负分两种类型），即德育成绩等于基础分60分加上考核附加分（正分或负分）。德育考核附加项的内容各校不尽一致，但大体都包括以下五个方面的内容，具体如下：

一是形势任务方面的内容，如参加时事政治学习和党团组织生活及校、系、班三级组织的集体活动的出勤情况。

二是学习态度方面的表现情况，如按时上下课，及时完成作业，遵守课堂纪律、考试纪律等方面的情况。

三是文明礼貌方面的内容，如尊敬师长，团结、关心、帮助他人的表现情况，以及个人卫生、宿舍卫生、爱护公物、维护公共秩序等方面的情况。

四是为同学及社会服务方面的内容，如担任学生干部和其他社会工作的情况。

五是大学生社会实践方面的内容，如兼职实习、充当志愿者等方面的情况。也有将近几年在大学生中开设的形势与政策、法律基础知识、人生哲学、大学生修养等课程的成绩纳入德育考核范围的。

（2）大学生的智育考核

智育考核的一般做法都是以学生全年各门课程考试成绩为依据并设附加奖励分，即智育成绩等于本学年各门课程总成绩除以本学年课程总门数后的得分再加上奖励分。智育考核的奖励分一般是指课堂以外的专业学习及科研情况，如发表论文、参加专业知识方面的学习竞赛或某种发明创造等。

（3）大学生的体育考核

大学生的体育考核主要是依据学生的体育课成绩、参加课外文体活动、早操出勤等方面的情况进行考核，有些院校将劳动课及义务劳动等方面的内容加入了该项考核。体育成绩考核也应确定基础分，即体育成绩等于基础分60分加上附加分（正分或负分）。

（4）大学生综合测评总成绩的确定

大学生德、智、体三方面总成绩的计算，即把德、智、体三方面分项考核的成绩乘各自所占的百分比，然后相加，即是大学生的综合测评总成绩。德、智、体三方面各自应占多少比例，各校可以自行研究确定。大部分院校德、智、体三方面成绩所占的比例一般为德育占30%，智育占50%，体育占20%。

2. 实施奖惩工作的内容

大学生奖惩工作中，具体应注意以下两点：

（1）惩罚要有依据

对大学生的行为管理，主要依据国家规定的培养目标和各级主管部门及学校制定的规章制度、行为准则和有关规定来进行。近年来，国家教育行政主管部门颁布了《普通高等学校学生管理规定》《高等学校学生行为准则（试行）》《高等学校校园秩序管理若干规定》等有关高校学生行为管理的办法及准则等。这些规定、准则是高校进行科学管理的最权威的依据。各高校应根据这些规定、准则结合本校实际情况制定若干细则和准则、条例，从而使学生管理工作有章可循，按章办事，以避免和克服管理工作中的随意性。

有了规章制度后，还要广为宣传。要像全国普法教育那样，在大学生中进行校纪校规教育。有条件的学校，还可以将有关学生管理方面的条例、规章制度及办法汇编成"大学生手册"，让每个学生知道哪些事可以做，哪些事不可以做，从而使这些规章制度真正成为大学生的思想和行为准则。

（2）奖惩要有人执行

规章制度建立后，具体的贯彻实施则十分重要，规章再好，不能落实则是一纸空文。因此，建立一支训练有素、相对稳定的学生管理工作队伍，才能真正适应学生管理工作的需要，才能真正使奖惩这个学生行政管理手段发挥出它的作用来。

许多高校的同志都不太愿意做学生管理工作，这是因为学生管理干部与校内其他专业技术人员无法享受同样的待遇，不能评聘相应的技术职务。因此，各高校党政领导应重新评价和正确认识学生管理工作的地位和作用，增强学生管理干部的光荣感、责任感，从而选拔一批思想政治素质好、吃苦耐劳、具有一定的理论修养和实际工作经验，热爱学生工作的同志从事学生管理工作，并能定期从学生管理干部中选拔一批同志外出进修或去教育行政管理学院学习。

3.大学生处分的管理及报批程序

（1）大学生的处分管理

大学生的处分一般均由学校行政部门具体管理和实施。从大学生所受处分的行为特点来看，一般涉及学校以下三个部门：教务处、保卫处、学生处。

对于学生无故旷课、考试作弊等教学管理制度方面的违纪行为一般应由教务处协同系级组织调查处理；对于学生违反国家法律、法令、法规、偷窃、诈骗、打架斗殴，扰乱宿舍、课堂、食堂、考场、会场、图书馆、影剧院等公共场所秩序的违纪行为一般应由校保卫处协同系组织调查处理；学生其他方面的违纪行为则一般应由学生处协同系级组织调查处理，如伪造涂改证件等行为。学生处分不管由哪个主管部门处理，违纪学生处分的情况汇总工作一般都应由学生处全面负责。

（2）大学生处分的报批程序

发生学生违纪现象后，该生所在系应积极帮助班主任（年级辅导员）做好调查了解、询问及取证等工作，后由该班主任召集班委会研究讨论，提出处理意见，报知行政，行政则应根据学校有关学生违纪处分规定，讨论提出具体处分意见，并按违纪的行为特点报学校有关部门复议。

警告、严重警告处分由系里提出处理意见，学校主管部门讨论决定。记过以上的处分，则先由系里提出处理意见，学校主管部门复核，提交校行政会议讨论决定；勒令退学、开除学籍的处分，应报省、自治区、直辖市主管高教部门备案。其中因政治问题而做出勒令退学、开除学籍处分的，须报经省、自治区、直辖市党委有关部门同意，由省、自治区、直辖市高教主管部门审批。学生的处分决定均应归入本人档案，不得撤销。

另外，在学生处分的实施过程中要注意，在处分决定下达之前，应将处分决定以书面或口头通知被处分的学生，被处分的学生应在处分决定意见书上签名，并注明"同意""保留意见""要求申诉"等字样。被处分的学生如有觉得不合理的，可以在接到通知后，向有关部门提出书面申诉。有关部门在接到申诉后，应进行复查，给予答复，如处分不当，应予以纠正。申诉是学生的一项民主权利，应当正确对待，不能认为申诉是无理取闹，更不能由于申诉而加重处分。

（三）教育为主及管理育人

1. 奖惩的工作与思想政治教育

在改革开放和现代化建设的过程中，奖励和惩罚的手段作为思想政治教育的一个基本方法，具有重要的社会意义，这是因为社会主义现代化建设需要人们有严明的纪律以及稳定的社会秩序来做保证。公开、及时地运用奖励和惩罚的方法，使人们直接认识到什么样的行为是好的或者不好的，认识到自己行为的直接后果，从而使他人从当事者的行为中吸取经验教训，在对人进行思想政治教育的过程中，这也是运用奖励和惩罚手段的主要目的。

思想政治教育是正面的说服教育，通过摆事实，讲道理，榜样示范，启发引导，达到教育人的目的。思想政治教育工作，立足于耐心说服教育。为了使这种教育更加有效，必须与行政管理相结合，行政管理主要是用行政的规定、制度、条例、守则、章程等规章制度和行政手段来约束人们的行为，从而使人养成良好的行为习惯。

思想政治工作要求对人们进行耐心教育，但耐心教育并不是万能的，对于违法乱纪的行为，必须给予必要的纪律乃至法律制裁。不这样做，就不能"治病救人"，也不能维护学校的教学、生活纪律。当然处分是一项思想性、政策性很强的工作，必须慎重。只有把耐心的思想政治工作与强制性的纪律约束相结合，才能制止学生的不良行为，发展提倡积极良好的行为。思想政治工作是做好一切工作的保证，学生奖惩作为学生管理工作的重要内容，当然也离不开思想政治工作，特别是在改革开放时期，更需要不断地对学生进行经常性的思想政治教育。

奖惩作为一种手段，其目的在于使学生增强法纪观念，明确是非界线。所以当思想政治工作与奖惩工作紧密结合起来的时候，就会大大增强教育效果。正确的奖励，客观上就树立了典型。这不仅使被奖励者受到了鼓励，还能在周围环境中产生巨大的社会效果，以激励他人上进。适当地实施惩罚也是如此，它不仅能使少数犯错误的学生吸取教训，认清错误，还可以使他们引以为戒。可以说，思想政治工作是做好奖惩工作的保证，而奖惩则是做好学生思想政治工作的有力手段之一。

2. 坚持"以奖为主，奖惩结合"的原则

以奖为主，奖惩结合，符合唯物辩证法的原则，反映了人的思想活动特点和发展规律。任何一个学生身上总是包含着积极因素和消极因素两个方面。积极与消极，先进与后进，是此长彼消的，开展奖惩工作的目的正是为了鼓励先进，鞭策后进。

奖励主要是利用人们的上进心来发挥作用的，而惩罚则主要是利用人们对自尊心的维护本能及个人经济利益的需要心理来发挥作用。从心理学的角度来讲，奖励易被接受，而惩罚则易损伤自尊心。大学生正处于成长阶段，他们思想活跃，上进心强，惩罚如若不当则会引起思想上的对立，产生消极抵抗情绪，影响学生积极性的发挥。以奖为主，奖惩结合，并不是说不要惩罚，而是要在以奖励表扬为主的前提下，及时地、恰如其分地运用惩罚手段，从而鞭策和教育犯错误的同学，使其正视自己的错误，增强其改正错误的信心和勇气。实践证明，以奖为主，奖惩结合的管理，是一种积极而有效的管理办法。

3. 坚持"物质奖励与精神鼓励相结合，以精神鼓励为主"的原则

人类所从事的生产活动和进行的各项社会实践活动，最终都是直接或间接满足人们的物质需要与精神需要。一定的物质奖励是必要的，但是单纯的物质奖励则是不可取的，因为人们的需求不仅包括物质需求，同时也包括精神需求。大学生正处在长身体、长知识、长能力的时期，绝大多数学生富于探索精神，有理想、有抱负、有追求，渴望成才，所以对他们来说，尊重的需求和自我实现的需求显得更为强烈，即精神上的鼓励则更能调动其积极性。

（四）违纪调查分析及对策探讨

调查高校学生违纪情况，分析其形成原因，研究其解决办法，有助于加强和改善学校思想政治工作，培养"有理想、有道德、有文化、有纪律"的"四有"新人和优秀的社会主义建设者。

①高校学生违纪情况可采取查阅资料、走访、座谈等方式来进行调查。

②对策探讨。防止违纪现象的发生或减少到最低限度是一项庞大的系统工程，需要社会、学校、家庭以及学生本人等几方面的综合治理才能取得成效。

加强思想政治工作的预测性和主动性是防止违纪现象发生的保证。思想政治工作是做人的工作，人的性格多种多样，思想也千差万别，问题、行为形形色色，因而思想政治工作者应该主动出击，寻找"禁区"，防止"误区"。科学的预测是教育学生的先导，个体的人不能超越社会，不能超越时间、空间而存在，必定要受社会的影响，打上社会、阶级的烙印。思想政治工作者应增强对问题的敏感性，及时地发现和寻求社会、家庭、团体环境等可能影响或已经影响高校学生的因素，有针对性地主动教育，引导学生健康发展，避免问题的发生。如果问题已经出现，那么要循循善诱，耐心地说服教育。同时，思想政治工作者要注重实际，解决实际问题，卓有成效地实施共产主义人生观、世界观教育，帮助学生树立无产阶级

理想、道德、情操。只有这样，才能降低学生违纪率，增强思想政治工作的威信和权威。

正面引导非正式群体中的消极因素是防治违纪现象产生的良好措施。防治学生违纪，要重视非正式群体，正面引导这一群体中的消极因素，发挥积极因素，不能简单地把非正式群体看成"小团体"而忽视其作用。非正式群体一旦形成，必然会影响大学生的生活、学习以及其他社会活动的其他方面。要合理利用非正式群体，为实现正式组织目标服务，疏通引导非正式群体中的消极因素，做好疏通和改造工作，以带动、影响一批人。要尽一切努力，把非正式群体引向"有理想、有道德、有文化、有纪律"的道路上去，成为思想政治工作的得力助手。

积极开展大学生心理咨询活动是防治大学生出现违纪现象的有效方法。大学生心理咨询是将医学、遗传学、伦理学、生理学、心理学、哲学等学科融为一体的思想教育新学科，它对解决大学生的认识、情感、事业、人际关系、人生发展等方面存在的矛盾有着重要的作用。预防、调节、治疗大学生的心理疾病与防治高校学生违纪、违法有着密切的关系。"知己知彼，百战百胜"，只有了解、掌握学生的思想动态、行为特征，才能有的放矢，对症下药，通过咨询，可以把学生的违纪、违法心理扼杀在萌芽状态。

加强学生管理，严肃规章制度，是防止违纪现象产生的关键。加强学生管理、严肃规章制度对防治学生违纪起着重要的制约作用。制定严格的规章制度的目的就是要让学生清楚地知道，谁有违纪现象谁就要受到处罚。防治学生违纪，除坚持正面教育外，还必须坚定不移地执行校规校纪，只有这样，才能伸张正义、主持公道，惩治校园的歪风邪气。诚然，在加强学生管理的同时，其他配套管理也应跟上，从政治、生活、后勤等方面主动关心学生，不能等到问题发生了才去解决，要主动地、积极地消灭和杜绝问题出现的隐患。

提高大学生的自身素质，增强自立、自强、自律能力，是防治违纪现象的根本途径。学生是否违纪取决于个人素质的优劣，因而，提高大学生自身素质，帮助大学生树立正确的人生观、世界观、道德观是思想政治工作者的重要责任和首要任务。要增强学生自立、自强、自律的能力，教育学生自觉同一切不良行为作坚决的斗争。只有这样，才能从根本上防止学生出现违纪现象，培养优良的校风和学风。

高校学生违纪是一个客观存在的现象，它造成的社会危害和个体损伤是令人痛心的。如何减少甚至消灭这种现象，是高校思想政治教育工作者研究的重要课题之一，同时也应引起社会各界的关注。

二、高校学生管理工作中的奖惩创新

（一）创新奖惩制度应处理好的关系

高校学生管理制度创新是一个庞大、复杂的系统工程。在构建和谐社会，强调依法治校，倡导以人为本的现代社会，创新高校学生管理制度首先要正确处理好以下三个方面的关系：

1. 处理好法治介入与学术自治之间的关系

大多数法学学者对高校学生管理法治介入持一种积极与肯定的态度，但学术界对此观点存在不同的声音，即：担心外部权力借此机会以司法的名义干涉大学的独立，对学术自由与独立产生某种不良的影响。这种担心或反对，所要表达的实质就是如何正确处理法治介入与大学独立和学术自治这一对矛盾。换而言之，就是高校学生管理工作在法治介入下如何区别对待行政权力和学术权力的问题。

权力作为一种职责范围内的支配力量，在有关学术评价的问题上是客观存在的。学术权力与行政权力两者有着本质的区别。学术权力是以学术和具有学术能力的专家为背景的，其行使依赖于行使者的学术水平和学术能力，而不是来源于职务和组织。换言之，学术权力的存在与否，依赖于专家的性质及其学术背景，而不依赖于组织和任命。学术权力产生于"学术权利"及其民主形式，它包括个人的学术权利及由享有学术权利的个人集合而成的组织；行政权力则只能产生于制度和正式组织。学术权力有时通过行政权力加以确认和形式化，但行政权力即使在被赋予管理学术事务的职能时，仍不具有学术权力。学术权力具有可比性。

当学术权威以个体形式表现时，其学术权力的大小是以其学术能力的高低来衡量的，即个体的学术修养、学术成就、学术经验和学术品格等都会构成衡量指数。而行政权力的大小，则取决于该行政权力组织在整个管理教育系统中的层次与位置，而不决定于该组织中或相应位置上个人能力的高低。

学术权力产生于普遍的和非个人的标准，这种标准不是来自正式组织而是来自专业。它被认为是以"技术能力"而不是以正式地位导致的官方能力为基础的。应当承认并尊重学术权力，给学术权力以应有的地位和权威，建立发挥其效能的制度保障机制，合理规范学术权力与行政权力各自发挥的领域和范围，使二者在学术管理活动中建立一种有机分工、合作与制约的关系。

高校学生管理工作法治介入的适度性，要求大家认清两种权力不同的运行轨迹，将法治介入的基点落在行政权力上，避免对学术权力的不当干涉。但由于学术权力的高度专业性和技术性，法官只是专于诉讼程序操作和认定事实规则的技术方面，不能超越自己的专业知识和经验，显然不适于对学术权力的审查。因此，有人提出，学术纠纷只有通过由专家组成的仲裁机构来解决才更为适宜。

2. 处理好学校与学生之间的法律关系

从法律上厘清和在管理实践中确定学校与学生之间的关系，是高校学生奖惩制度创新的关键。对高校与学生之间的关系问题，学术界存在各种不同的观点。高校与学生之间既是一种隶属型的行政法律关系，又是一种平权型的民事法律关系。我国高校作为公益事业法人，其基本职责是人才教育培养和学术研究与传播。高校为了促使学生向着符合社会要求的方向发展，必须对学生进行有效的组织与管理，以保证教育活动的顺利展开。因此，高校与大学生的关系具有两重性，一方面大学生作为受教育者和被管理者，必须接受学校的教育与管理；另一方面大学生作为国家的公民，享有法律规定的基本权利。因此，二者的关系既是教育者与被教育者、管理者与被管理者的关系，又是平等的民事主体关系。

3. 处理好学生的权利与义务的关系

当代大学生的维权意识日益强烈，他们不再是单纯的被管理者，也不再是单纯的义务履行者。义务与权利是一对"孪生兄弟"，不可分离，人们只有在享受了一定的权利下，才会积极地履行相应的义务。

学生的权利，属于私权，在教育部新颁布的《普通高等学校学生管理规定》中既规定了高校学生特定的五项权利，也规定了大学生享有作为一般公民的权利和法律、法规所特别规定的学生应当享有的权利。作为私权，学生可以自主处置，既可以享有，也可以放弃，但不能被剥夺。高等学校实施学生管理也是一种权利，但这种权利是一种公权，是高等学校作为公法人，由一定的法律和行政机关赋予的，本质上是由人民过渡的权利。作为公权，不得放弃，如果高校放弃了管理权利的行使，就意味着放弃了义务的履行。因此，为保证学校管理权的正常行使，作为管理对象——学生应当给予一定的配合，这种配合即属于学生应当履行的义务。

（二）奖惩制度创新的机制和实践

1. 奖惩制度创新的机制

推动高校学生奖惩制度创新的重点是要建立起四个机制，具体如下：

（1）动力机制

变化是创新永恒的动力。当一个组织面临环境的变化，认为其还足以应付时，它的创新愿望可能不会被有效激发；而只有当它意识到凭借现有的组织结构、制度或能力不足以应付变化的环境，感到有危机时，创新愿望才可能被激发。

（2）决策机制

制度创新的具体实施在于基层，而创新决策取决于领导层。领导层的思维以及营造的环境气氛（或文化），对创新具有巨大的影响力。创新需要时间，并且往往会引起一定程度的阻碍和抵制，因为创新不仅仅是简单地改变完成一件事情的方法，它更是行为方式和思维方式的深层次变化。创新是一种行为模式，既然行为模式不可能在一夜之间发生变化，那么就不可能通过命令来实现真正的创新。创新同样是一种思维模式，它是一种对现状经常持有怀疑态度的习惯，它绝对不会想当然地把过去行得通的做法用于现在的情况。因此，高校学生奖惩制度的创新，一方面来自"现状"的压力，另一方面来自领导层不断探索和实验的习惯，以及由领导层的示范效应而带给所有人的敢于创新、乐于创新的气氛，并创造条件使得人们调整因创新而发生的思维和行为方式的变化。

领导层的决策还在于对创新结果的选择。人们的创新结果可能很多，有的也许相互矛盾，在这些备选结果中哪些保留、哪些放弃，领导层必须做出决定。而一旦做出了决定，选择的创新结果进入了制度范畴，那么下面的基础组织就必须执行，尽管这种制度可能还存在某些不完善之处。

（3）反馈机制

创新结果是否适应现状和未来的发展，必须经过实践的检验，考察其适应性和可行性。因此，创新的后期工作总是要回顾上一次的结果，反问哪些方面是成功的，哪些方面没有达到应有的效果，然后保留成功的方法，在上一次没有达到预期目标的地方尝试不同的思路和做法。高校学生奖惩制度创新实践必须通过反复的调研、比较，在许多预选方案中选择最适宜的方案，并且要不断回馈实施的信息，以验证方案的可行性。

（4）调整机制

制度创新不可能一蹴而就，它是在反复调整、不断修正中完善的。高校学生奖惩制度关系到学生的切身利益，每一项条款都必须慎重，要根据反馈结果显示的制度与现状的差距适时实施调整。

调整的依据：一是国家的法律法规；二是高校学生实际情况的变化；三是高等教育和高等学校管理的实际。调整的核心是围绕学生的权益保护，调整的目标是在学校管理与学生权益之间寻求动态平衡点。

2. 奖惩制度创新的实践

在学生奖励方面，从过去较单一的形式（如"三好学生"）向多层次、多形式（综合奖、单项奖）转变。为有效发挥奖励的激励作用，可以采取定期奖励与不定期奖励相结合、综合奖励与各类单项奖励相结合的方式，每年均在学生中大力开展"争先创优"活动，集中表彰一批活动中表现突出的先进集体和个人；根据学校参加和组织的一些大型活动，适时地奖励一批表现突出的学生集体和个人。

在奖励评定标准方面，既注重考查学生的综合素质，对德智体美等全面发展的学生进行综合奖励，制定综合奖励评定条例，设立综合奖学金、优秀学生奖励等，又鼓励学生的个性特长发挥和发展，制定各类单项奖评定条例，对在文艺体育、科技学术、社会实践、社会服务和见义勇为等方面表现突出的学生进行奖励，尤其对获得国际级或国家级奖的学生实行重奖。同时，规范表彰奖励的评定程序，严格标准、严格推荐、严格审查、严格公示，不允许暗箱操作，凡是校级以上的奖励评选，必须网上公示，接受全校师生的监督。如此形成点面结合、层次分明、公开透明的学生奖励机制。

在学生处分制度方面，首先，与我国的基本法律制度和教育部新颁布的《普通高等学校学生管理规定》保持一致。其次，要确立学生违纪处理条例修改的基本原则和要求，要体现育人为本的原则：条款要符合教育部的有关规定，符合学校的实际情况，符合教育发展的规律。条款制定宜细不宜粗，以便于操作；对学生处理宜宽不宜严，重在教育；处理材料宜实不宜虚，减少随意性。再次，强化程序规范，确立学生权益救济渠道，建立学生申诉制度，成立学生申诉处理委员会。最后，对毕业生违纪处理中的特殊情况在不违背国家有关规定的条件下，进行适当的变通处理。

（三）奖惩制度实施的程序设计

高校学生奖惩制度实施程序设计既是依法治校的重要体现，是保护学生合法权益的重要途径，又是高校开展学生教育的载体，对学生起着"无为而治"的作用。明确高校学生奖惩制度的实施程序，是人本教育的重要体现。

引入现代先进的司法程序（如听证制、申诉程序、奖惩委员会的设立等）于学校学生管理中，设立学生奖惩管理的正当程序，其目的是提高学生在学校管理工作中的参与性，增强学生管理的公开性、公正性，切实维护学生的正当权益。在具体实施奖惩的过程中，以下四个方面需要在实践环节中加以重视和强化：

（1）奖惩制度制定前应实行听证制度

听证的主要内容包括：制定本奖惩制度的必要性、可行性，依据是否充分，奖惩的定性表述是否准确，定量表述是否适度等。参加听证的人员一般应包括管理者和被管理者，即教职工与学生两个方面，尤其是要充分听取和尊重被管理者——学生的意见和建议。

（2）奖惩制度运行过程中的公示问题

随着学生法律意识、维权意识的逐步增强，公示作为体现知情权的重要方式日益受到学生的重视和关注。除了奖惩初步结果公示之外，学校对于奖惩制度的起草、会审、通过、更改以及奖惩评比和审批过程的各个环节，均应通过一定方式面向学生本人以及学生群体予以公布。公示各个环节的工作，实际上是对被管理者展示奖惩的实施程序合法、合规的过程。特别是学生申诉制度建立后，程序是否合法最容易引起纠纷、争端，做好这项工作，有利于增强管理效能，有利于维护学校稳定。

（3）建立完善的学生申诉制度

按照新的高校学生管理规定，学生对学校给予自己的处罚有权申诉，学校应成立专门的机构负责接收学生申诉，再次进行调查核实，做出处理答复。在具体实践中，学生事务申诉工作机构的组成应与作为纪律处分的管理部门区别开来。

也就是说，要避免既当运动员，又担任裁判员的现象，否则难以真正体现申诉处理的合法性。

原则上由学生工作部门、教务部门对学生违纪违规行为提出处理意见，学生申诉的受理部门是学校成立的由主管书记负责的学生申诉委员会，它由学生代表和纪检、监察、组织、人事、保卫等部门工作人员组成，作为学生申诉的仲裁机构，同时成立校学生申诉办公室，可设在监察处。

（4）奖惩执行后的监控问题

在高校这个特殊的社会组织中，奖惩的目的主要在于激励学生成才，约束学生自觉把自己的行为控制在社会、学校以及大学生群体允许的范围之内，即奖惩的目的主要在于教育学生勤学成才。因此，奖惩结果的公布不仅仅是实施奖惩的第一步，也是实现奖惩目的的第一步。在这个意义上，加强奖惩实施后的监控就显得尤其重要。对于奖励的事项，主要关注其是否起到影响、促进学生向健康、积极、向上的方向发展。对于惩处的事项，主要关注其是否对学生本人起到了教育的目的，学生在这一方面的言行是否有所改善，是否开始向好的方面发展；同时，还要关注惩处个案是否对群体的行为产生了积极的影响。此外，加强监控的过程，同时也是修改和完善奖惩制度收集、汇总信息的过程。

（四）奖惩制度创新的环境条件与制约因素研究

创新需要跨越原有的界限，作为制度创新者首先要意识到这些界限的客观存在。因此，认识制度创新的环境条件以及由此产生的制约因素是非常重要的。它可以帮助我们选择正确的创新方向，拟订合适的创新目标与任务。

（1）高校学生奖惩制度创新的环境条件

制度创新的环境条件包括以下三个层面：一是制度本身的环境，即它的历史、构成、功能等；二是制度所处行业的环境，即行业特点、发展前景和行业规范等；三是制度所在地区和国家的环境，即国家的制度、政策、管理理念等。具体到高校学生奖惩制度创新，在环境认识中要分析我国高校学生奖惩制度的发展沿革，这种制度在我国高等教育发展中的地位和作用，制度的优点和潜在的缺陷等；我国高等学校学生管理的特点和规则，学生管理制度的范式以及在整个高等教育中的地位等；我国的政治、经济、教育、法律制度环境，以及高等教育发展的现状和趋势等。

（2）高校学生奖惩制度创新的制约因素

我国高校学生奖惩制度所处的以上环境条件，规定了其创新过程中的制约因素。但并非所有的制约因素都是创新不能逾越的界线，随着社会的变迁和发展，创新就是要突破某些制约，把一些制约因素作为创新的突破口。如高校学生管理规定突破过去高校管理重视学校利益的维护、忽视学生权利保护的情况，专门对学生的权利与义务作出规定；突破过去对学生婚姻状况的限制，取消了相应的条款规定等。当然也并非所有的制约因素都是创新可以逾越的，高等学校的教育目标及任务、国家的政治法律制度不能违背或超越，这些是在进行学生奖惩制度创新中必须遵循的基本原则。

同时，学校内外客观存在的一些因素也影响着高校学生奖惩制度的创新和实践。如学校内部管理体制和机制的缺陷可能会影响学生奖惩制度的正常运行；学生诚信意识的淡薄可能使得奖惩制度失去应有的激励与约束效力；学校外部周边环境管理不善与学校内部严格管理形成的反差，可能导致学生对学校管理规定的逆反和不信任等。这些有的需要学校自身逐步完善，有的需要政府、学校、社会的共同协调和努力，为学生管理制度的创新与完善创造更好的内外环境。

第三节　高校学生自我管理

高校学生的自我管理是高校学生管理工作中的一个重要组成部分。它侧重于调动学生的主体意识，在整个学生管理工作中，起到补充和完善的作用，由于其独到的优越性而受到越来越多高校管理工作者的重视。

一、高校学生自我管理

学生自我管理的概念在本书第一章已经提到，所以在本节论述高校学生自我管理时，着重说明自我管理的特征、原则、作用、内容，并提出了学生进行自我管理的途径方法。

（一）学生自我管理的特征

1. 对象特征

即管理与被管理两者的统一。学生自我管理同其他管理活动的根本区别在于，其他管理活动强调对他人或他物的管理，而学生自我管理则是行为发出者作用于自身的活动过程。自己既是管理者，又是管理对象，这是自我管理最基本的特征。进行自我调节和控制，是学生自我管理的实质所在。

2. 过程特征

即自我认识、自我评价、自我控制、自我完善四位一体。在学生自我管理中，从目标的建立到组织实施，再到调节控制，以及不断完善，融于学生一体。学生在认识社会、他人和自己的基础上设计自己，在管理过程中评价、控制自己，最后达到目标的实现，到此也就完成了学生自我管理的一个循环——不是简单重复，而是在社会、个人的动态环境中螺旋式的循环。[①]

3. 内容特征

即不同的时代具有不同的内容。此特征有以下两个方面的含义：一是生活在一定社会条件下的人，其思想水平、知识水平和心理素质就被打上时代的烙印，学生也是如此；二是学生自我管理的目标及其社会意义具有鲜明的社会、政治、

---

① 韩雪青，高静毅. 大学生思想政治教育"主渠道""主阵地"协同育人探究 [J]. 学校党建与思想教育，2018（03）：22-24.

经济和文化特征。今天，社会为自我管理提供了汲取营养的现实土壤，而作为高校大学生，就应该热爱祖国、热爱人民，追求真理、锐意进取、艰苦奋斗、乐于贡献。

（二）学生自我管理的原则

从整体上说，学生自我管理不完全取决于个人的愿望和努力，它必须反映社会和学校的需要，必须受到社会条件和学生管理制度的制约，符合社会道德规范，同学校培养目标一致，并置身于社会管理和学校管理之中。学生自我管理集主客体于一身，具有它的特殊性。因此，它除了遵循管理一般原则之外，还应遵循以下三个原则：

1. 自觉自愿原则

学生自我管理是学生自己管理自己的一种管理方式，从管理内容的制定、目标的确定和实施到信息反馈、总结纠正等，都应由学生自己编排，要自觉自愿。当然，自觉自愿也不是放任自流，为了保证自我管理的正确方向，学生在自我管理时，必须接受学生管理部门的指导和必要的约束。对集体自我管理来说，必须注意吸收全体学生参与管理工作，充分调动和发挥每个人的聪明才智。

2. 认识评价原则

学生实行有效的自我管理之前，必须全面认识自己及其所在班组、学校乃至整个社会的现状。要参与就必须认识，同时，只有参与，才能认识更全面。学生自身的政治素质、文化素质、心理素质、身体素质和社会阅历是自我管理的内在条件，而班级、学校的状况、目标、任务、结构和功能，国家政策，经济文化背景和社会规范等是自我管理的外在条件，只有正确认识社会，客观评价自己，才能使自我管理切合实际。

3. 严密性与松散性相结合的原则

所谓严密性，对集体自我管理是指应当有相对稳定的组织、明确的宗旨、科学可行的计划和管理制度，有相对稳定、水平较高的骨干力量；对个体自我管理则是指目的明确、计划周密、心理状态良好。所谓松散性，是指在严密性的前提下，对学生自我管理的时间、地点、参加人员、活动内容及形式可做一些选择。这里的"严"与"松"是辩证统一的，如果没有明确的目的、严密的组织、严格的制度和较好的管理者，集体的共同利益就难以维护，教育目的也难以实现。因此，学生在自我管理中要强化集体意识，自觉服从、维护集体决议，做好集体工作，只有这样，才能保证学生自我管理沿着正确的方向而不失控。同时，由于高校学生群体内部结构层次的复杂性，在保证集体利益和共同要求的前提下，要尊重学生的个性，促进学生个性发展。同学之间提倡互相尊重、互相学习，在相互帮助中共同进步。

（三）学生自我管理的作用

学生自我管理有以下两个作用：

第一，加强学生自我管理有利于学生健康成长。青年学生正处在心理的转折期、自我发现期，他们强烈希望自己的意志和人格受到外界的尊重，具有强烈的参与意识，而学生自我管理则恰恰满足了他们的这种心理愿望，从而促进其心理的健康发展。他们心理的健康，有利于学校的稳定。但是，由于学生世界观、人生观尚在形成过程中，他们在复杂、动态的环境里，也必然会受到各种错误思想的干扰。要有效地消除这种消极影响，除了学校、社会和家庭的教育、指导外，作为学生自己也要加强理论、思想修养，在自我管理的实践中，提高辨别和抵制错误思想的能力，使自己健康成长。

第二，加强学生自我管理有利于增强学生适应社会的能力。一方面，由于目前我国还存在着教育与实践相脱节等弊端，以致许多学生动手能力和创造精神较差；另一方面，学生最终都将走向社会，接受社会检验，随着人才市场需求关系的变化，社会对学生的知识水平、知识结构、专业技能以及走上社会的适应能力提出了更高的要求。因此，学生要在复杂的社会环境中既能适应社会的要求，又能有所作为，必须在学生期间利用一切可以利用的机会，有针对性地实施自我管理，逐步缩小所学知识与社会需要的差距，不断增强自我认识、自我评价、自我控制能力，实现自我完善，为将来走出校门后尽快地适应社会奠定坚实的基础。

（四）学生自我管理的内容

学生自我管理的内容是由时代对高校学生的要求和历史赋予他们的使命决定的，概括起来主要有思想素质、业务素质和身心素质三个方面的自我管理。它们之间是相互作用、相互渗透的辩证统一体。下面仅就业务素质的自我管理做简单的阐述，具体如下：

所谓业务素质的自我管理是指学生在老师的指导下，通过积累知识、发展智力和锻炼能力而进行的管理。

（1）要树立正确的成才观

学生的成才，不仅是由他的知识、智能决定的，更主要的是由其正确的学习目的和勤于奋斗的精神所决定的。那些极端利己、自私的人，那些从自我出发，把个人利益置于集体、国家利益之上的人，不但不能成才，还可能会成为社会发展的阻碍。只有那些具有远大理想和抱负的人，才会使知识、智能、素质、觉悟在自身中得到统一；只有那些把自己的前途和国家命运、民族未来紧密联系起来的人，才会在事业中有所成就。

（2）要掌握学习规律，完善知识结构

学生的主要任务就是通过艰苦而复杂的脑力劳动，不断增长知识，提高能力，掌握学习规律，完善知识结构。课堂学习是学生接受知识和教育的主要途径。预习、听课、复习等是学生课堂学习的主要环节，也是学生加强自我管理的重要方面。学习还要学会自学。一个人要获得完全的知识，必须具备两个条件，即书本知识和实践知识。学习实践知识，就要深入下去，投身于实践，向社会学习，在实践中积累和完善自己的知识。同时，还要完善和优化智能结构。智能是智力和能力的总称，是指一个人观察问题、分析问题和解决问题的能力。观察力、记忆力、思维力、想象力和操作能力是智力结构的五个要素。

二、高校学生民主管理

大学生既是建立良好校园秩序的主体，也是建立良好校园秩序，达到培养人的目的的客体。建立良好的校园秩序目的是培养人，通过大学生内心的响应，通过自身的积极性和主动要求才有可能实现这一目的。

在社会主义国家，公民不仅是社会管理的对象，同时又是社会管理的主人。因此，我国的大学生在高等学校里参与管理是主体与客体统一的体现，是我国大学的社会主义性质的体现。

（一）民主管理的概述

1. 大学生民主管理的定义

大学生民主管理是指根据社会主义民主的本质，运用社会主义民主的形式，充分调动并发挥大学生内在的积极因素和自主精神，在学校行政管理人员的领导下，组织大学生参与的管理，其目的是培养德、智、体全面发展的"四有"人才。大学生参与民主管理具有社会主义的方向性，如果离开了社会主义的方向，管理就失去了目标，也失去了意义。大学生民主管理采用社会主义民主的形式，是民主集中制的民主，而不是无政府主义和极端民主化的民主。

大学生民主管理是高等学校大学生管理系统中的子系统，是大学生管理的一种形式，它的基本作用和形式是参与和监督。它在学校领导和老师的指导下，既可参与行政管理部门的管理，又可管理学生自己的事务。

2. 大学生民主管理的必要性和可能性

校园秩序的一个重要方面是大学生的学习和生活秩序，建立良好的校园秩序要靠学校和大学生的共同管理，如果没有大学生的参与和管理，把建立良好的校园秩序只作为学校的事情，那么，良好的校园秩序就难以建立，所以调动大学生参与民主管理的积极性，是建立良好的校园秩序的需要。发动大学生参与民主管理不仅可以提高管理效能，而且可以在管理实践中提高他们的才干，这样符合培养目标自身的需要。

当代大学生自主意识较强，对被人管理往往持反感态度。但是实践证明，他们的"自主"往往带有很大的随意性，没有学校的严格管理和引导不利于他们的健康成长。当代大学生的参与感也很强，愿意通过参与管理提高自己的才干和能力。因此，调动大学生参与民主管理的积极性，既是可能的，也是必要的。

3. 大学生参与民主管理的意义

通过参与民主管理，使大学生在实践中接受社会主义民主教育，培养大学生正确的政治观点、正确的社会主义民主意识和民主精神，对于培养社会主义一代新人，对于全社会政治上的安定团结都具有十分重要的意义。大学生参与民主管理，可以构建学校领导和学生之间的信息渠道，增进学校领导和广大学生的联系，有利于建立良好的师生关系，有利于学校领导及时了解学生的情况，改进工作作风；有利于政治上的安定团结；有利于培养一批有领导才干、有管理能力、有献身精神的积极分子，这对于党的建设和社会主义事业都有着重要的意义。

（二）民主管理的组织形式

1. 学生民主管理的组织

大学生的组织包括共青团组织和学生会组织，就学生参与民主管理的目标和方法来说，二者都可以看成学生民主管理的组织形式。共青团是党的助手，是先进青年的群众性组织，学生会是大学生的群众组织，他们各自的目标和任务虽不尽相同，但就建立良好的校园秩序、培养社会主义建设人才的总目标来说，又是完全一致的。共青团组织和学生会组织都要在学校党组织和行政管理系统的领导下开展活动。无论哪一个组织都不是完全独立于学校党政领导之外的，所以都不能称为自我管理组织。班级组织和团支部组织是学校实行民主管理的最重要的基本组织，调动这些组织中的大学生民主管理的积极性，完善民主管理制度，对于建设良好的校园秩序，具有特别重要的意义。

2. 学生介入学校管理系统参与学生管理的形式

这是通过学生代表参加有关学生管理会议，反映学生的意见、要求等形式来实现的。如有的高校聘请学生代表出任行政领导干部的助理等，就属于这一种形式。

3. 专业性的学生民主管理组织

有的学校建立学生宿舍管理委员会、伙食管理委员会、卫生管理委员会、治安保卫管理委员会、纪律管理委员会等，通过学生自己处理或协助学校处理问题，维持校园秩序。这些组织在行政管理部门的领导、协助和支持下组织起来并进行工作，但不能自行制定和学校的规章制度相抵触的管理制度。

（三）民主管理的原则

1. 导向的原则

民主管理的导向就是要坚持四项基本原则，反对资产阶级自由化，坚持遵守法律、法规以及学校的纪律、条例，坚持党的教育方针，坚持正确的道德取向等。导向正确，不仅保持民主管理不迷失方向，而且能培养学生形成守法、守纪的意识和习惯。

2. 自主和尊重的原则

民主管理要调动学生的积极性，就要充分发挥学生的自主精神，减少依赖性。要充分相信并支持他们自己做出的符合原则的决定，有了错误，要尽可能启发学生自己去纠正，要避免伤害他们的自尊心。管理者的责任是加强领导并及时给予指导，尽量不要代替学生做出决定，要尽可能让学生站在管理的前台。

3. 启发的原则

有些在管理者看来是简单的事，大学生可能会争论不休，这是由于学生缺乏实践经验造成的。管理人员只能给予适当的启发，尽可能由学生自己去下结论，不要轻易代替学生做出选择或简单地下结论。

4. 充分讨论的原则

民主管理相比于指令性管理要复杂得多，反反复复地讨论，要花去很多时间，但只要是认真讨论，就不是浪费时间。

5. 允许犯错误的原则

民主制度本身包含着产生错误的可能性，因为多数原则只服从多数，而真理有时在少数一边，要求学生在民主管理中一定不出错误是不现实的，有时正是在错误中才学到了更多的东西，关键是出了错要勇于承担责任，勇于改正错误。管理干部要勇于承担责任，培养一种敢于承担责任的意识。

6. 民主程序的原则

实行民主管理一定要遵循民主管理的程序，只有严格遵守民主程序才能在实践中提高学生民主管理的积极性、民主精神及守法意识。

（四）民主管理的教育和引导

调动大学生民主管理的积极性，必须加强对大学生的教育和引导。具体有以下三点：

（1）要加强民主管理中的责任意识教育

参与学校民主管理不仅仅是尽义务，而且也是大学生的权利。无论是履行自己的义务还是行使自己的权利，都离不开正确的责任意识，尽义务是一种责任，行使权利也是一种责任，而这种责任的目标取向就是学校对学生的培养目标。责任意识的强弱和民主管理的效能形成正比。

（2）在管理实践中帮助学生干部树立良好的作风

要培养学生干部密切联系群众的民主作风，批评与自我批评的作风，谦虚谨慎、戒骄戒躁的作风以及勤俭节约、艰苦奋斗的作风。管理干部自身的良好作风也将对学生产生潜移默化的教育作用。

（3）支持和帮助学生参与民主管理工作

对参与民主管理的学生，在强调为人民服务的前提下，要根据其不同的职责，给予不同的物质和精神支持。必须重视对他们的个别教育帮助，既要以诚恳、热情、耐心的态度帮助他们解决生活、学习、工作中的具体问题，帮助他们总结工作中的经验教训，也要帮助他们解决工作中的思想和认识问题；要和他们建立良好的友谊、密切的关系和深厚的感情，要把培养爱护学生干部和培养党的积极分子统一起来。

第三章　信息化思维下的高校学生管理

本书第三章为信息化思维下的高校学生管理，分别介绍了三个方面的内容，依次是信息化思维下高校学生管理研究的背景及意义、信息化思维下高校学生管理现状、信息化思维下高校学生管理面对的机遇和挑战。

第一节　信息化思维下高校学生管理研究的背景及意义

一、信息化思维下高校学生管理研究的背景

近几十年来，全球信息技术的飞速发展，特别是信息传输网络的发展，使世界上各个国家进入了信息化时代，互联网的迅速发展，给人们的生活方式带来了极大的改变，同时引发了各行各业深刻的变革。在教育领域，以多媒体和因特网为标志的新信息技术的出现和发展，给众多高校的教学和管理带来了新的启发。教育信息化越来越受高校的重视，建设数字化校园被列入重要的学校改革和发展规划。

（一）高校学生管理信息化是时代发展的要求

信息技术的日新月异，带来了各行业、各领域的信息化发展。当今社会的进步，以及经济的发展，离不开信息化的助推。高校管理信息化，以及高校教学中网络技术的应用，推动了我国高等学校教育的时代化发展和变革。

高等学校教育信息技术的广泛应用，不仅是对以往传统教育的冲击和挑战，同时实现了高等教育的现代化，赋予了高等教育更加丰富的内涵。首先，现代社会对人才素质的要求更高，需要高校培养出更多的符合社会需要的人才，而信息技术除了是高校培养人才的手段和工具，还是现代社会教师和学生必需的一项重要的技能。其次，高等教育现代化是时代和社会发展的要求，需要不断突破传统的教育模式的束缚，在变革、创新中求得生存和发展。

人类社会不断前进，已经步入了现代化阶段，各领域的信息化发展是国家和社会现代化的重要标志之一。如果没有实现信息化发展，就不能说实现了现代化。从这个角度来说，信息化是实现高等院校教育现代化的必经之路。

（二）高校学生管理信息化是教育发展的重要手段

云服务、物联网以及信息数字化等新兴技术在进步，为教育信息化提供支撑，作为教育信息化重要组成部分的高等院校学生管理也实现了前所未有的变革发展。高等教育事关我国发展大计，提高教育质量一直以来都是高等教育的生命线，

也是中长期教育改革确定的重要方针之一。国家发展规划纲要中也提出了要提高高等教育的质量。

1998年，教育部制定了《面向21世纪教育振兴行动》，在这之后，高等学校教育领域开启了建设远程教育工程，并大力发展开放式教育网络，试图构建终身学习体系来培养更加合格的社会人才。2000年，第三次全国教育工作会议发出了《中共中央、国务院关于深化教育改革全面推进素质教育的决定》，这一决定在教育领域再次掀起了信息化的热潮。以教育信息化促进高校教育现代化，实现高校教育跨越式发展，为国家经济和社会的信息化、现代化培养高素质的信息化人才已成为我国教育的基本国策。

从"九五"计划开始，高等院校的教育信息化经过二十多年的建设，到今天已经实现全校教学、管理、办公、服务等全面的信息化建设。特别是在整合教育教学资源方面，利用互联网实现了校内资源的整合与共享。在教育教学上，不仅实现了课堂上的信息化教学，还通过信息技术将教学资源整合，使学生在任何时间和地点都能搜索利用教育资源，将教育延伸到了课外，从而进一步促进了教学质量和科研水平的提高。信息技术发展到今天，实现了云计算、物联网、大数据、数字化技术等全新技术的大力普及，这些新兴的技术与各行业结合得越来越紧密，在高等学校教育领域，实现教育现代化目标，先进的信息技术发挥着越来越重要的作用。

高等院校突破传统的教育模式，实现教育信息化，是社会发展的必然要求，是培养符合社会需求的复合型人才的必然要求，是高校实现变革发展的必然要求。我国高等院校，想要提升整体的办学能力，提升自身的形象和国内外影响力，迈向世界一流院校，信息化建设是必不可少的实现途径。

近年来，随着高校扩招，学生数量急剧上升，给高校教育带来了新的难题，一些学校教学、生活等基础设施满足不了需求，甚至影响了教育质量，也给学校的管理工作带来了新的困难和挑战。

高校扩大招生规模，导致学生人数不断增长，生源质量却相应下降。学校教学管理工作中，不但对学生信息的处理量变大，处理的精度要求也越来越细。这些变化使得高校原有的学生管理工作模式无法应对管理工作的新要求。学生管理工作变得越来越复杂，如果还是沿用之前的管理模式——手工作业管理，不但会给学生管理人员带来各方压力，也会影响学生管理工作的做好做强，不能完成提高教育质量的要求。因此，需要现代化管理手段，特别是信息技术的应用，来提高学生管理工作的质量和效率。

高校信息化建设并不是单一、独立的，它是一项系统化工程。信息化建设同时应用在课堂教学、课外学习、学生管理、教育管理等方方面面，促使教育观念、管理、方法、手段发生根本性的革新，实现高等教育的现代化和可持续性发展。

参考系统理论，高校信息化建设需要进行全方位的思考，特别关注一些重要领域，结合若干体系要素，系统考虑高校信息化实施方案，有步骤、有计划地推进高校信息化建设，解决目前高校教育和管理中存在的各种问题。

二、信息化思维下高校学生管理研究的意义

管理的信息化过程，首先要认识管理现象，用科学化的方法研究管理问题，在实践中积累管理知识，再利用管理理论及知识反过来指导管理实践，最终达到提高管理效率的目的。高校管理信息化本质上也是一种管理，需要遵循管理理论，并以管理基本原则为指导，再运用科学的方法，树立明确的管理目标。管理目标树立起来之后，通过建立科学的管理机制和管理制度，采用合适的管理方法，最终实现学生管理工作的制度化、规范化以及信息化，实现对学生动态、有效的管理过程。

高校信息化建设并不是单一的某一部门的任务，而是一项联系全校多个职能部门，耗费巨大人力、物力、财力的系统性工程。因此，高校的学生信息化项目在实施前需要高校领导者用全局的眼光审视，正确认识信息化的发展趋势，紧跟信息化浪潮的发展步伐，对高校信息化建设进行科学合理的规划，并在实施和部署的过程中进行严格的把关。总之，高校领导能够主动学习信息化建设理论观念，做到对全局的规划，高瞻远瞩，是高校信息化建设能够做好的前提。

同时，要制订最适合本校的信息化建设方案，充分的调研工作是必不可少的前提。为了实现长远的目标，目前已经有不少高校提出建立专门的信息化管理部门，并且设立专门负责校园信息化建设的职位。这些举措，一方面有专业的人员对全校信息化建设进行统筹规划，集中建设；另一方面，有专门的部门领导信息化建设，也能让其他教育或者职能部门对学校的信息化建设目标和策略有透彻的理解。

信息化建设要想成功，首先需要领导者具有先进的理念，加强对领导者的理念建设十分必要。在信息化建设中，领导者需要树立以人为本的理念，意识到高校信息化建设的服务宗旨，并将其贯彻到信息化建设的工作中。在实际工作中，要运用项目管理的思维，将信息化建设当作一个整体项目来管理和运作，系统地分配资源和进行管理，并贯彻好目标激励法，鼓励全体工作人员参与到信息化建设中来。高校学生信息化建设的成功，将会促进学生管理工作实现最优化，提升学生管理工作效率。

高校信息化建设首先要学习科学化的理论和方法，再运用现代技术和管理手段，树立以人为本的理念，对各种资源进行整合，对信息达到标准化和制度化的处理的过程。高校信息化建设的目标是：使用现代化技术，将一切管理信息资源进行高效、合理的利用，完成高校人才培养的最终任务。

（一）落实学生管理工作的育人功能

管理工作具有育人功能，既然是培育人，就存在着如何育人和被育者如何参与的问题。管理工作不仅是管理人，也存在着被管理者如何配合的问题。对于高校管理而言，如果管理者只考虑对学生的教育和管理，必然会陷入将管理者的意识强加给学生的怪圈，不利于学生的个性化发展；如果管理者只站在学生个性化发展考虑，也会削弱管理的功能，达不到高校育人的目的。因此，管理者需要提供一个沟通的平台，供两者及时沟通交流，让学生主动参与到管理工作中，才能积极配合，才能真正做到管理者和学生两者在管理工作中的完美统一。

（二）提高学生管理者的工作热情

传统的管理模式下，管理工作纷繁复杂，管理者容易对管理工作产生疲劳感。加上管理者对自身前途的迷茫，很容易对管理工作失去动力，失去管理工作的热情。管理者在完成职责之后，不会特别关注学生的个性发展、思想追求，不再对其进行耐心的指导和帮助。管理人员缺少了热情，处于被动的工作状态，这显然对高校育人的目标实现是非常不利的。学生管理工作的信息化建设能够使信息处理更加便捷，通过大数据分析及时发现管理中存在的问题，提高管理的工作效率。管理上的便捷、高效，使管理工作者节省大量的时间，从之前繁重的事务性工作中解脱出来，有精力和能力做其他更多的事情，提高其工作热情。

尽管管理问题的根源找到了，要想做好管理工作，依然需要一个实践和完善的过程。在这个过程中，最重要的一个环节就是管理者观念的转变，即变管理为服务。从过去认为的管理更多体现的是一种权利，从整体上要求被管理者做某些符合"要求"的事情，到管理是一种对被管理者的服务，管理本质上是一种关爱、尊重和指引。这样的观念转变，是高校管理育人工作非常关键的部分。不断提高对育人工作的认识，培养学生自我成长和成才的欲望，是未来高校管理工作发展的必然趋势。这就需要建立一个专门的信息化平台，为学生管理工作队伍提供参照标准，对学生的管理工作职责和计划做出科学规划，及时反馈管理工作完成效果，建立管理工作评价体系，搜集学生对管理的意见和建议，不断纠正和完善管理工作方法。

（三）实现学生管理工作的动态发展

高校学生管理模式经过长时间的发展逐渐走向成熟，与此同时，也形成了管理单一和僵化的弊端。这种弊端主要体现在：管理工作更多的是执行某种制度，而忽略了管理者的主体意识和判断以及被管理者的自我意识。

制度的执行和人的培养之间的关系到底是什么样的呢？最初，制定制度的目的是更好地培养人才。但是，制度形成后往往会阻碍对人的培养。这是因为：第一，制度本身是相对固定的，在执行的过程中容易走向为执行而执行，背离了培养人的初衷。第二，人的培养是随着时代不断发展和进步的，培养的形式也是千变万化的，而制度本身是缺乏时代变化的，主要依靠执行者的素质，如果执行者不懂变通，将会阻碍人才培养。

在这样的背景下，管理者要考虑的是：制度的执行者如何能够做到在不背离制度的制定初衷的同时，又能够让制度跟上时代的要求，让执行者和被管理者有共同的认同感。这就需要两者之间能够做到平等，及时沟通和反馈。因此，需要建立一个动态的管理系统来进行管理的辅助。

（四）为高校信息化的学生管理提供依据

高校信息化是国家和社会信息化的一个重要方面。从建构信息化社会的角度出发，探讨高等教育信息化建设，实现高等教育可持续发展，具有重要的理论和现实意义。

1. 理论意义

首先，可以实现从系统角度研究高校信息化的问题。将管理学、信息学、教育学等学科知识融合在一起，从系统论、建构主义理论、信息技术发展阶段模型理论出发，整体地、系统地研究高校信息化的内涵、结构、实现途径以及信息平台的功能、构建原则等。

其次，可以实现高校信息化体系结构的完整性。帮助有关人员从整体上深化对高校信息化的认识，把握其特点和规律。

最后，实现高校信息化理论和实践的结合。通过规范的理论研究，进行实证的分析，最终为高校信息化建设实践提供理论指导。

2. 现实意义

第一，有利于高等教育的创新和发展。当前的高等教育扩招，导致教育资源相对紧缺，但社会发展却对高等教育人才的培养提出了越来越高的要求。在这样的矛盾下，必须最大限度地配置和利用教育资源，变革以往的管理模式和教学方法，才能满足社会对高等教育的要求，实现高等教育的可持续发展。第二，有利于高校信息化的整体推行。高校信息化建设涉及教育和管理的方方面面，如果某一方面建设出现短板，将会如同"木桶原理"一样，影响整体建构的完整性。因此，要系统构建完整的高校信息化体系，推进高校信息化的进程。第三，有利于高校信息化建设的创新和实践。形成可持续化发展的机制，需要根据高校实际需求建立符合要求的信息化体系。

目前，高校学生事务管理工作依然是高校管理工作中的重中之重。因此，实现高校学生管理的信息化发展，是促进我国高校改革的重要渠道，也是实现高校学生管理工作创新的必由之路。

第二节　信息化思维下高校学生管理现状

一、高校学生管理现状与问题思考

（一）高校学生管理现状

高校学生管理主要体现在学生的思想政治教育、后勤管理、就业管理三个方面。下面，我们就从这三个方面入手，分析我国高等学校学生管理的现状：

1. 高校学生思想政治教育管理现状

高校思想政治教育的好坏，是高校管理的基础，关系着高校的可持续发展。当前，高校学生的思想政治意识基本处于健康发展的状态，绝大多数的学生有着积极向上的心态，有着对国家和社会的责任感以及个人发展的上进心。但是不可忽视，也有个别学生受不良思想影响，认识出现偏差。

为了做好高校思想政治教育工作，高校形成了以党政为领导，在领导的体制上实行"三个层次"，同时在实际管理中配备了"六支队伍"的工作体系。

"三个层次"是按照管理工作的三个层级划分的。包括：第一，最高决策层——院校党委（党总支）。这也是最高的一个层级，主要工作是全面把握国家教育方针教育政策，制订全校总的教育规划及思想政治教育工作计划和要求。第二，是执行层和管理层，包括系（部）党组织、学生处、思政、工团等管理部门。他们的任务是执行上级党委制订的思想政治工作计划，并在计划实施过程中做好监督和管理工作。第三，以班级辅导员为核心的执行层，主要任务是开展日常的思想政治教育工作。

所谓六支队伍，包括六个层面的可以继续思想政治教育工作的队伍。一是面向全校的思想政治理论公共课教师。这是一支专业的骨干队伍，专门开设相关思政课程，对学生进行马列主义基本理论和人文素质教育；二是院系专业课和公共课老师，讲授专业课的同时也可以进行思政教育；三是管理队伍，包括党政干部及共青团干部，指导学生思政教育工作；四是辅导员或者班主任，他们直接接触学生，可以当面对学生进行思想辅导；五是心理辅导教师，帮助学生树立正确健康的思想；六是学生干部，在同学中间开展自我管理、自我教育工作。

纵观当前高校学生政治思想，大部分学生会关心国家时政，关心当前国际国内发生的大事件。相关的思想政治工作人员应该加强对学生的思想政治教育和引导，通过各种形式，使学生了解党的方针路线，了解党的政策，加深对党的认知，从而做到主动关心国家发生的大事，提高对政治的参与感以及自己的社会责任感。目前，高校思想政治教育工作得到了各高校领导的重视，主要体现在有专职的辅导员面对面对学生进行思政教育，及时发现学生中出现的思想问题，并对他们进行正确的引导和心理疏导。正因为如此，高校学生才能以积极的态度面对生活，提高政治参与意识。高校中绝大多数学生积极要求入党，这正体现了高校思想政治教育的优良成果。除此之外，很大一部分学生对一些全国性的事件，如神舟飞船、上海世博、申奥成功、"三农"问题等表现出了浓厚的兴趣，他们对此展开思考和讨论，这也说明了高校思想政治工作的成功。

对于人生价值的追求，总体上，高校学生呈现出一种积极向上的态度，有着自己的志向。同时，他们也有着现实功利的一面，个人的价值取向一方面追求高尚，一方面又需要向现实妥协。总体来说，高校学生的思想政治教育主流是积极向上的，符合社会主义核心价值观的要求。

2. 高校学生后勤管理现状

后勤管理工作是一项事关学生衣食住行的工作。关于高校学生后勤管理工作现状，我们从以下两方面来做分析：

（1）贫困生资助及管理基本情况

随着社会的进步，人民生活水平的提高，贫困生的数量急剧减少，但是依然有相当数量的学生经济比较困难。对此，高校采取了许多措施，对贫困生进行甄别和资助。

通常情况下，有以下四种资助方式：

①国家助学贷款。国家设立助学贷款的初衷，是为帮助一些家庭贫困、学习成绩优异、道德品格高的学生完成学业。因此，对助学贷款的限制一直比较严格，辐射范围比较窄。只有一小部分品学兼优的学生可以申请到。

②国家奖学金。为激励学生学习，几乎所有公办大学都设立了国家奖学金，最高的奖金金额可以达到一位学生每年8000元。以江西为例，许多高校设置了"励志"奖学金，奖励给大二以上的、品学兼优的学生，每个学生每年可以得到

5000元奖励。这项措施的目的是鼓励高校学生好好学习，服务国家。

③学校奖学金。校级奖学金是高校根据自己的情况设立的，每个学校的情况是不一样的。比如，江西蓝天学院的"于果扶贫助残奖优"基金；南昌理工学院设置了一等、二等、三等三个不同级别的奖学金。

④勤工俭学。高校会提供一些勤工俭学岗位给贫困生，并专门拨出一部分资金扶持。勤工俭学的设置，一方面可以使其自食其力赚生活费；另一方面也能锻炼其社会实践能力。

2. 高校学生就业管理现状

近些年来，大部分高校都在积极调整所设专业，面向社会需求，设置符合社会需求的热门专业和学科，培养社会急需的人才。对于一些注重实操的专业，如制造业和服务业，高校实行理论和技能训练相结合的培养模式，使毕业生毕业后大受欢迎。

为了方便学生就业，高校还会搭建毕业生和企业之间的桥梁，组织"招聘会"进校园的活动。除此之外，校企合作也是高校提高就业率的一个重要手段，通过跟企业的合作，推荐优秀毕业生就业。高校还专门组建就业指导中心，对毕业生进行就业前的指导工作。

对学生就业指导有如下三方面：

①帮助大学生调整心态，降低就业的期望值，提倡从最基层做起，先就业，再择业。

②帮助大学生提早进行职业生涯规划。高校要做好职业生涯规划的宣传普及，让临近毕业的学生提前感受到就业的压力，激发他们对专业知识的学习。

③做好就业指导工作，教会毕业生求职面试的一些技巧。

（二）高校学生教育管理问题思考

面对社会环境的日新月异的变化，当代大学生的人生观、价值观，行为方式、生活习惯等同以往相比发生了很大的变化。这样的变化给高校管理工作带来了新问题，从实际学生管理工作中发现，新的矛盾冲突主要体现在以下四个方面：

1. "发展个性"与"严格管理"

高等教育的目标之一，就是提供良好的平台与环境，帮助受教育者完善个性。在社会的发展进程中，其中一个主要方面就是要重视人的需求，解放人的个性。

表现在要帮助学生发展个性，而不是拼命压制学生的个性发展，要帮助学生完善自我，完善个性发展，反对统一个性。发展学生的个性是符合社会发展规律的。根据马克思主义关于人的学说，社会的发展首先是人的发展。人的发展是对人个性、兴趣爱好、知识能力等的完善过程。社会中人的多样性发展才能构成整个社会的协调发展。在市场经济发展的过程中，对于人才的需求是多种多样的，更看重人的个性化发展。从这个角度来看，高校更应该对学生的个性化发展给予正确的认识、积极的肯定以及科学的引导。需要注意的是，关于个性的发展，学生和管理者的理解是不同的。不少学生认为，发展个性就等于不受束缚，特别是在学生的日常生活方面，他们认识是小事，不需要学校通过管理严格要求，否则不利于自我个性的发展。有些管理工作者也会有这样错误的认识，认为大学生只要专业知识掌握扎实，个人生活方面要求不必太过严格。因此，经常会出现学生的某些行为不符合规范，而只要不产生大的危害，管理者也不会过分追究。这样的认识是片面的，也是不符合学生全面发展的要求。

个性化发展和严格管理并非是对立的关系，它们之间也可以是辩证统一的。在严格的管理下，同样也可以发展个性；发展个性的同时，同样需要严格的管理作为前提。首先，学生管理的目的是保证高校整体协调、有序的发展，只有整体发展和谐，个人的发展才能成为可能；其次，只有管理严格了，个体才能严格要求自己，避免出现为了发展个性而放纵自己的行为，任何组织和社会的发展都是以严格的秩序为前提；最后，大学生对自我的严格要求，是遵纪守法和遵守社会公德的前提。大学生作为一个较高素质的群体，在对他们的管理过程中更应该谨慎，实现个性发展和管理的有机统一。

2. "民主意识"与"法治观念"

随着我国民主与法治建设的不断进步，大学生及高校管理人员的"民主意识"和"法治观念"也在不断地提高。高校学生的"民主意识"觉醒主要体现在对"权利和义务"认识的深化；高校管理者"法治观念"则主要体现在依法治校意识的提高，以及对行政权力的限制。因为学生和管理者所处的位置和角色不同，所以对民主与法治的要求各有侧重。总体来说，学生更偏向于对"民主"的渴望，他们希望能够拥有更多的自主选择权，比如有选择课程和任课教师的自由；拥有更好的学习和生活条件等。但是，因为长期处于被动和服从的管理模式下，大学生对管理的思考依然是服从的意识为主，不了解自己的权利与义务。对管理者来说，学生管理的客观压力比较大，为了顺利完成职责范围内的工作，比较依赖各种规章制度管理。还有大部分教师的思维习惯就是希望能建立良好的秩序，保障教学或者管理任务的顺利完成。高校学生管理工作中的民主与法治建设还处于刚刚起步的阶段，需要更多的理论研究和进一步的实践探索。

3. "个人奋斗"与"团队合作"

市场经济环境下，"个人奋斗"的思潮也曾经兴盛一时。不过很快，"团队合作"的思潮就占据了主流。这是因为，随着市场经济的发展，产品的生产能力迅速提高，市场由原来计划经济中的"卖方市场"很快转变为"买方市场"。这就意味着：生产者要想生存和发展下去，需要得到消费者的认可。同时，生产者在一定环境中必定也是消费者，生产者和消费者之间没有明显的界线，两者之间是相互依存的关系，人人都是市场的参与者。消费者和生产者两者之间的依存关系，体现在彼此之间的平等与合作中。市场经济下，没有任何一个个体和组织可以不同外界发生联系单独存在，而这种个体或组织之间的联系，也必须建立在平等民主的基础上才能共存和发展。因此，现代社会更重视"企业文化"和"团队精神"，重视"人本主义"的复归。究其本质，还是科技发展带来的社会化大生产发展的结果。社会化大生产的要求，最重要的就是实现内部和外部良好的合作。因此，今天，我们十分重视"团队精神"和"合作意识"，这也是现代社会对人才的基本要求。在高校日常的管理中，也要注意到这一点，不仅要创造条件促进学生的个性发展，激励他们努力实现个人价值，还要形成浓厚的"团队合作"精神，使学生养成良好的团队合作意识和能力。将"个人奋斗"与"团队合作"相结合，无论对个人还是集体的发展都是有益的，是符合未来社会发展要求的。

4. "自我认识"与"规则默契"

近些年，对于人的发展提出了"自我管理、自我发展、自我完善"的口号。"自我完善"是最终目的，"自我管理"和"自我发展"是实现目的的方法和途径。在高校管理领域，所谓的"自我"是指学生个体概念和群体概念，是相对于教育者和管理者来说的。"自我完善"是从内部调动学生的积极性和创造性，注重挖掘出人内部隐藏的潜力。想要做到自我完善，"自我认识"是前提和基础，只有实现自我认知，认识到自己的优势和不足，才能努力改进，最终实现"自我完善"。

管理中的实践告诉我们，只期望学生能够自我管理，是很难实现管理目标的，还需要管理者外在的约束以及创造条件加以引导，否则学生的自我管理可能会流于形式。管理者应尽力创造条件和环境，引导学生有意识地认识自我、完善自我。大学生的自我认识，是对自身性格、兴趣、知识、能力等对社会需要适应程度的认识。社会适应度，可以是适应周边生活环境，也可以是对未来工作和整个社会环境的适应。大学生只有将自己放到社会环境中，根据社会需要衡量自身的知识、能力，才会真正发现自己的长处，克服自己的不足，这个过程正是实现"自我管理、自我发展、自我完善"的过程。由此可见，大学生实现自我认识是至关重要的。自我认识也是社会人最基本的素质之一，促使人不断成长。如果社会中每个个体都能做到正确地认识自我，那么群体自然会形成"规则默契"现象。所谓"规则默契"是指，社会成员自觉地或者自发性地遵守某种没有明文规定的，但是却实际存在着的某些规则。规则默契促进了各个群体的协调发展，进而实现社会整体的平衡和协调发展。

事实上，许多明文规定的制度或者规则等，在制定之前，早已经在实践中实行了。如果个体不约而同地向着社会的实际需求努力，那么即便是个体不知道其他人对类似问题的态度，只要个人本身按社会需求努力，实际上就自动进入社会需求的轨道了。社会成员如果都按照社会需求的方向前进，那么看似无序的行为就形成了相对有序的社会活动。而有序的社会活动所起到的效果是全方位的、综合性的。上述学说也可以运用到高校管理工作中，通过引导学生自我完善，调动大学生的内在潜力，使管理工作取得意想不到的成效。

二、高校学生管理信息化现状

人类步入信息化社会，在学习方式上发生了极大的改变，最主要的是学习不再拘泥于课堂中的教师的传授，通过网络随时随地可以跟随世界高等学府的名师上课，学习方式从时空上发生根本性的改变。学习方式的改变并非是简单地将课堂从教室搬到网上，它体现了信息技术在教育方面的无穷价值，可以激发学生的学习潜力。在学生的管理方面，信息技术的发展给管理带来便捷，由单一、定向管理向综合、定量、科学管理转变。信息技术的进步是前提，要想利用好信息化管理，还需要管理者正确、合理地使用信息技术。比如，利用信息技术进行统计、数据分析，以分析结果为基准，进行全面、科学的决策。科学利用信息技术，将它作为一项工具，利用它的优势提高高校学生管理水平，是未来学生管理工作的趋势。

经过多年的建设和发展，截至目前，我国高等院校基本完成了信息化设施和管理平台的建设，高校学生管理也基本实现了信息化。

（一）信息化的基础设施建设不断完善

20世纪90年代以来，我国开始了大规模、全方位的校园信息化建设，并呈现不断增长的趋势。高校学生管理是高校教育工作的一个重要组成部分，信息化建设得到重视。

校园信息化基础设施建设如火如荼地进行，信息化系统建设也同步展开，同时注重培养高素质的信息化人才，目前三项工作都取得不错的成绩。目前，我国的信息化建设已经建成了如中国教育科研网这样的全国性教育网络，以及地方性的教育网络系统。各大高校也建成了多媒体教室、数字图书馆、校园网等教育教学及管理终端。当前，高校信息化进一步发展，广泛应用互联网，实现了学生注册、信息管理、咨询服务、后勤管理等多方面的平台建设。

（二）信息化系统和平台建设日趋完善

大数据时代，教育信息化的一个重要任务就是构建庞大的学生信息资源管理系统。信息化平台建设的任务，已经不仅仅是实现事务管理的便捷，更重要的是建设成根据信息搜集及大数据分析结果，为教育决策、行政事务管理提供依据的综合教育管理服务平台。基于事务管理的平台建设，同时也要以信息资源管理为核心，构建一体化、多层次的信息管理系统，才能适应高校发展的需求以及教育创新的需要。

在具体的建设过程中，信息化平台建设由以下几点构成：首先，是校园基础硬件设施建设，包括有校园网专用服务器、交换机、计算机等。硬件设施建设是基础，完善的硬件设施能保证网络的顺利运行。其次，是数据库建设。高校数据库建设主要分为几大类，学生信息数据库、教师信息数据库、档案信息库和教育资源信息库、图书馆信息库等。强大的数据库建设是信息化平台建设的基础，为各类平台提供数据支持。各种类型的数据库是独立的，同时数据库之间也可以互相关联，不同的数据库之间能够实现数据共享，方便师生综合性地查询需要，实现基本信息服务。

所谓基本信息服务，指的是实现校园各项基础领域的信息共享，如建设校园一卡通系统、图书馆综合查询系统等。利用数据库信息共享技术生成的每个校园管理平台都可以直接管理、查询到信息资源，通过不同的权限管理，实现用户的分级使用和查询。高等学校拥有专门的信息化建设人才，拥有网络建设最先进的技术，硬件设施建设相对齐全，有足够的条件和实力率先实现教育信息化。各大高等院校的校园网已经建成了综合性的教育信息服务网站，包含学校荣誉展示、师资力量、教务管理、后勤服务、就业服务以及校园论坛等校园服务和管理的方方面面，为师生提供一站式的网络信息服务。建设数字化校园的提出，使高校校园信息化系统进一步完善，更好地为学生提供服务。我们以华中师范大学的信息化建设为例，学校成立了信息化部门对全校信息化建设进行统一规划和领导，同时，各院系也在充分利用校园信息化平台的基础上，灵活使用现代化的通信手段，如建立QQ群、微信群等，以班级为单位，及时发送各种通知信息。发现没有及时完成学校管理要求的学生，还可以通过短信平台发送短信，及时提醒学生完成学校的各项具体的管理要求，还可以通过即时通信工具为学生提供帮助和引导，实现网络化的便捷、无障碍沟通。

第三节 信息化思维下高校学生管理面对的机遇和挑战

一、信息化思维给高校学生管理带来新的机遇

大数据时代已经来临，网络技术的发展也日新月异。在这样的背景下，高校管理者开始理性思考将网络技术应用在学生管理工作中，利用实用的信息管理平台，提高学生管理效率，通过数据分析，为管理决策工作提供依据，给学生创造良好的学习生活环境，帮助学生实现个性化的发展。

高校学生管理工作同教育管理工作、学生思想政治教育工作一样，是必不可少的一部分，三者协调发展共同担负起培养社会主义高等建设人才的任务。中华人民共和国成立以来，在党的方针路线指引下，高等学校学生管理工作经过几代人艰苦卓绝的努力，在实践中不断地积累管理经验，改进管理办法，最终形成一整套行之有效的学生管理工作体系和方法。

进入 21 世纪，随着时代的飞速发展，学生思想观念越来越多元化，高校扩招政策的实行，使得高校学生管理工作面临许多新的困难。加快高校学生管理信息化建设已经是各大高校的共识。

学生管理工作中一项重要的任务就是处理跟学生有关的基础信息。基础信息有着数据量大、涉及部门多等特点。在以往的管理中，主要是依靠人工完成信息的采集、统计及存储，不仅工作量大，而且会在采集和统计的过程中出现基础性的错误，发生统计材料丢失的风险。计算机技术的发展使得数据采集、统计和存储变得更加简单、便捷、安全。比如，利用学生管理系统，可以通过学生端让学生自己上传各自的信息，后期管理系统对学生信息进行分类存储、查看和管理。另外，还能为全校师生提供信息的查询服务，大大提高了学生管理的工作效率和高校学生管理水平。

互联网时代的来临，特别是手机等智能设备的普及，改变了人们的社会生活环境及交往习惯。在互联网多元化思潮的影响下，当代大学生的思想观念和行为方式发生了很大的改变。高校管理工作也不应该只拘泥于学校环境，更应该站在社会发展的角度，重新审视管理工作中大学生成长的有利方面和不利方面。

市场经济的发展带来了物质生活的提高，同时也改变了人们的生活方式、社会文化、价值追求等。大学生是思维最活跃的群体，自然更容易受到社会多元化思潮的影响。大学生群体的价值观以及个人的发展希望也呈现出多元化的趋势。最明显的变化是，受社会中大部分物质追求的影响，大学生的实用主义倾向非常严重。很多学生没有远大的理想抱负，沉溺在虚拟的世界中，无法认清自身特长和劣势，自然也就无法适应社会的发展。大学生思想的变化给高校的思想政治教育管理工作带来了一定的难度。

（一）信息化实现了高校学生管理工作科学数字化

近年来，信息技术的发展可谓日新月异，社会信息化是信息技术发展的必然趋势。社会信息化也给社会各行业以及高校教育事业的发展带来深远的影响。其中一个重要的影响是高校的学生管理工作实现了网络化、数字化。传统管理模式下，高校在新生开学时靠一张纸登记学生基础信息，存储和查找都十分不方便。信息化社会中，高校已经摒弃了纸质信息采集存储模式，采用信息化手段采集和存储信息，需要时可以随时随地用电子设备查找。数字化校园的建设要求是新建设的管理系统需要与全校的数据交换平台兼容，新系统采集的数据需要提交到中心数据库中，实现全校各部门之间的信息共享。数字化建设实现了数据管理的标准化、集成化，实现了学生管理数据的完整性、一致性、共享性。数据的存储相较于之前也更加安全有序，便于集中管理。良好的数据存储、管理模式，促进了学校职能部门的业务规范，使得学生管理工作更加高效、更加科学。

高校学生管理信息化，有效减轻了管理人员的工作量，工作流程也比原来更加科学和规范。在节约了大量人力劳动的同时，也降低了传统管理工作中因为人为原因可能出现的错误，提高了工作效率。管理人员花少量的时间和精力，就能完成数据工作任务，然后腾出手来做其他事情，拓展了他们的工作空间。例如，浙江工业大学的综合管理平台系统，集合了招生就业、统一认证、心理健康等学生常用的功能。学生信息基本实现了数字化存储，学生管理工作更加科学高效，全校师生的学习和生活更便捷。

高校实现信息化管理方便了广大师生的工作、学习和生活，学校管理部门的工作效率大大提高。信息化的实现，也让高校思维发生转变，由最初的管理思维向服务思维转变。数字化校园的建设，实现了文本、声音、视频、图像等信息的数字化存储，以校园网络为媒介，为全校师生提供便捷的各类信息查询服务。校园管理系统这个庞大的网络，可以实现全方位的校园管理和服务。校园网覆盖了整个学校信息化建设，连接着全校的自助终端设备，如食堂、图书馆等。校园网和区域主干网对接，实现了全校的多媒体教学、后勤管理、学生事务管理以及科研的信息一体化。数字化校园建设的目标，就是通过最先进的技术，结合本校的实际，建立应用范围广、便捷、高效的信息系统，能够实现各项信息服务的智能化及学生信息管理的自动化。实现信息化管理，将不同的数据库系统对接，实现学校各部门之间的信息共享，各管理部门只需要借助一台电脑，就能够查询到自己需要的数据，这样能够从根本上改变各管理部门各行其是的现象。比起传统的工作模式，数字化校园建设加快了信息的传播速度，加大了信息的辐射范围。数字化校园建设的发展，提高了校园管理的工作效率，加快了高校向着更高目标发展的步伐。

（二）信息化加强了高校师生间的沟通与反馈

首先，大学生群体具有较高的文化素质，思维活跃，接受新事物能力强。在网络时代，大学生使用网络社交和沟通的愿望远远大于其他群体。而高校信息化建设的实施，无疑满足了学生的这一愿望，为师生间及学生间沟通提供了桥梁和便利。其次，信息技术的发展降低了沟通的成本。特别是在学生管理的各项工作中，建立各种信息沟通群，使信息的传达反馈及时又高效，提高了学校管理者与学生之间的沟通效率。学生也能够及时询问不太清楚的问题并能得到及时的回复。因此，这样的沟通方式也被大学生追捧和欢迎。高校管理人员也看重信息化沟通手段的便捷，能够随时随地群发通知，能够及时地通知到每一位学生，如果有未能及时完成任务的情况，还能及时与学生一对一进行沟通。这样的沟通方式，不仅方便、快捷、高效，也广受大学生群体的欢迎。因此，信息化沟通方式逐渐成为高校管理工作主要的沟通方式之一。作为学生管理最基层的辅导员，因为处于管理工作中上传下达的位置，日常管理工作更加繁杂，而使用QQ群、微信群以群发短信的方式发送上级任务进行班级管理，为管理工作带来不少的便捷。

除此之外，网络新媒体的发展，如微博、朋友圈等，因为具有个性化展示功能、评论功能等，成为新型的社交沟通方式，深受各个年龄段的人群喜爱。特别是大学生群体，对微博、朋友圈、短视频平台这类新兴媒体更是钟爱。这类新兴媒体有天生的优势，如信息量大、传播速度快范围广、及时实现评论互动等，高校管理者应转变工作思路，迎合大学生的喜好，在学生管理工作中，可以利用新媒体，通过文字、图片、视频的形式传播积极的、有教育意义的先进思想传播校园建设动态等，这样高校的思想政治教育工作会更加生动灵活，大学生在学习的过程中，能够提升思想境界、开阔视野。新媒体的发展，为大学生的管理工作提供了新的工作思路和方法，利用新媒体能够实现管理工作的创新发展。

（三）信息化思维促进高校工作载体创新

高校学生管理信息化是目前高校的发展目标之一，它是社会信息化的必然要求，也是社会信息化的一个具体目标。同时，高校学生管理工作的信息化推动了高校现代化的进程。学生管理的信息化是实现学生人本主义教育的助推器，它抛弃传统的培养模式，更注重学生长远可持续的发展。信息化和教育的有机结合，推动了学校教育工作的现代化和高效化。

信息化建设是高校思想政治教育发展的载体。所谓的载体，是指主体和客体彼此相互作用的，教育或者思想传承和发展的活动形式。传统的高校思想政治教育活动，一般会通过班会、社团、组织讨论、电视、广播等形式展开，教育者通过这些活动媒介对高校学习进行思想政治宣传和教育，并实现双方的互动交流，最终达到提高学生思想政治觉悟的目的。

班会、社团、讨论、电视、广播等就是传统的高校思想政治教育的载体。在信息化飞速发展的今天，这些载体相对来说比较落后，已经无法适应现代化教育的要求。在信息化时代，互联网成为信息传播和人们互动最先进、最高效的载体。高校的思想政治教育也应该与时俱进，新兴的信息传播手段成为思想政治教育的载体在高校已经成为一种发展趋势。主要的形式有：新的通信手段，如QQ、微信、短信群发等；新的虚拟共同体，如微博、微信朋友圈、网络心理咨询等；新兴自媒体，如短视频平台。这些新载体越来越成为一种大众化的交流方式，为大学生所喜爱和接受，高校将它们纳入思想政治教育的传播载体，将会起到很好的传播和教育效果，符合当前信息技术发展的时代要求，也符合高校教育与时俱进、多元化、宽领域的目标要求。新载体可以称为传统思想政治教育载体的补充和延伸，拓宽了教育覆盖范围和人群。

随着手机的普及和智能化发展，手机使用的频率和时长已经超过了电脑，人们随时随地可以接收信息、传播信息，它突破了时间和地点的限制，让沟通变得更便捷。手机短信息因此成为一种新的载体，高校可以提前编辑思想政治教育的内容和板块，学生能够根据自己的兴趣爱好免费定制不同的内容，通过短信息随时接收和查看。微博也是互联网发展产生的新生事物。微博传播平台的受众人数众多，可以转发和评论互动，其传播的针对性和时效性也更强，一条有价值的信息一天之内就可以传播全球。高等院校开通自己的官方微博，也是实现信息化的一条路径。微博内容更随意，可以是校园新闻、最新政策、通知发布，也可以传播有价值的新闻事件、思想政治教育内容等。微博形式新颖，更容易受本身就喜欢新鲜事物的大学生的欢迎。内容也更多元化，传递的信息不受条条框框的限制，任何能提高本校形象，为大学生提供教育价值的内容都可以发布。高校网络心理咨询是近几年高校为学生提供心理帮助的一项服务性新举措。借助信息化平台，学生可以通过网络，用电子邮件或其即时通信系统，向心理咨询平台寻求心理方面的帮助。有心理专业的老师或专家，在收到学生求助的内容后，帮助解答相关问题，帮助学生走出心理困境。网络平台的好处，一方面更方便快捷，不用面对面，一台电脑或手机就能实现心理问题咨询，省时省力；另一方面，网络咨询采用匿名的形式，保护了咨询者的隐私，咨询者可以畅所欲言没有后顾之忧。通过网络心理咨询平台，高校管理者能及时掌握学生思想动态，发现管理中存在的问题，为未来决策提供依据。

1.建立学生管理工作网站

建立功能完善的网站，是实现信息化管理的重要途径。管理工作网站是以网络传输为基础，依靠合理的内容设计，实现高校管理的便捷方式。其中，内容设计是重点，要合理设计管理工作中常用的工具，实现师生对信息的查询需求。

一般来说，学生管理工作网站的内容，在建设过程中要满足几个重要的需求，如学校宣传、学生信息管理、通知政策发布、思想政治教育等。在内容上要突出实用性和思想性，宗旨是为传达教育思想和教育目标服务，为方便师生对信息的查询，以及为方便对学生进行管理而设计相应的内容模块。学生网络管理平台，以管理为基础，发布公告、通知、成绩政策等为延伸，将广大师生的实际需求放到第一位，方便大家随时掌握学校动态。因为互联网不受时空限制，可以实现信息的随时随地发布，师生也可以随时接收信息。通过校园论坛等互动平台，学生也可以自由发表言论，管理者随时能掌握学生群体的动态和他们对问题的看法意见，提前化解潜在的矛盾，避免一些不必要的冲突。

2. 开发系统化的高校学生管理系统

高校信息管理系统是一种高科技软件，这种软件利用计算机代替原始的人力来管理学生的工作，相比于人力，这一系统具有巨大的优势，可以轻松储存、记忆和检索，学生的管理工作必须依赖这种系统。这一系统的信息是透明的，具有较强的公正性，操作简单且快捷，提高了工作效率，节约了大量的时间，因此受到广大师生的好评。高校学生管理系统还在不断地完善过程中，向着更加科学化、系统化的方向发展。

（1）组织管理

我国高校的学生组织由多个部分构成，包括党支部、团委、学生会以及青年志愿者协会，另外也包含一些社团组织。学生组织的存在促进了高校的学生管理，在整个学生管理中，组织中的各级干部和学生是最重要的力量，起到连接师生的纽带的作用。

基于学生组织干部的重要性，因此在选拔干部的时候要慎重、仔细地挑选，使其接手工作后能够发挥到应有的作用，确保学生工作顺利且有序开展，要让组织的干部学会采用科学化和系统化的管理方式。在工作中，要做好资料信息的整理和录入工作，这样将资料系统化整理才有利于在今后使用、调查的时候便于查询和借鉴，为后期的活动和干部培训做好准备。

（2）综合测评工作

在对高校的学生进行考核的时候，最常用的方法就是测评，通过测评，可以做好对学生的综合评价和衡量工作，但是在实际的工作中，对学生测评需要耗费大量的时间和精力，并且往往还不能做出精准的判断和测评认证，其结果还会引发学生的不满，产生更多的矛盾和纠纷，有的学生还会出现很强的抵触情绪。因此，为了减少、避免这种情况的发生，要建立起综合的、公正的测评机制，让每个学生的权利和义务都能得到保障。信息化管理就能做到这点，利用计算机优势减少人为影响的盲目性。

（3）档案管理

学生的管理系统中比较常见的一种方法就是建立档案，这种档案的建立主要就是采用计算机的电子版档案管理，针对学生的信息管理起到不小的作用，学生的基本情况都可以在电子版档案中得到简单明了的反馈，信息也更加具有准确性。

3.建立符合学生工作管理的网络平台

学生管理工作需要在网站上建立一个工作的网络平台，供学生管理的各种工作使用，设置并建立一些项目汇总和学生管理的各种事务和工作，这样，利用网络系统使学生的管理工作更加科学化和系统化，同时也让网络平台得到了合理的利用，增加了工作的效率。

（1）建设学生就业信息

目前，大学生就业问题十分严峻，为了解决大学生就业信息获取的问题，帮助大学生早日找到合适的工作，要在学生信息管理网站上专门为学生就业建立一个就业信息专栏，学生们可以通过这个专栏得到最新的招聘信息，促进学生就业。

（2）心理咨询中心系统

大学生阶段，由于各项压力增加，容易出现各种心理问题，这些心理问题可能会对其产生严重的影响，学校各方领导一定要重视起来，通过学生管理工作，要将学生心理问题的解决落到实处，可以在学生管理网站上开设心理咨询方面的版块，发布一些关于大学生心理健康问题的文章和科普，对大学生容易出现的心理问题要详细地阐述，也可以通过开通心灵对话的版块对学生的心理问题现场解答，进行网上心理咨询。

（3）学生社区交流系统

作为一个虚拟的世界，网络帮助学生摆脱现实的束缚，得到在网上交流的机会，学生管理可以利用这个功能开展各种文化主题的活动，学生可以在网络上相互交流沟通，增进友谊的同时也丰富了学生的生活。

（四）信息化创新高校人才培养模式

什么是人才培养模式？人才培养模式是高校根据国家设定的人才培养目标和质量标准，为大学生设计的知识和能力以及素质结构的方式，另外，还包括怎样实现这种结构。对于传统的高校人才培养模式来说，专业化、统一化和模式化是这类模式的特点。因此，这种人才培养模式更加适合家庭、学校和社会的三位一体育人模式。传统的人才培养模式将家庭、学校和社会的育人功能割裂开来，要求每个环节都要做好，但是这三方之间是没有联系和沟通的，不能做到信息共享，对于学生的需求也不能及时了解，更不用说因材施教了。我国当前正处在信息化的大时代，进入了信息社会，在这种情况下，智能化的创造力十分重要，这种时代特征也影响改变了人们思考问题的方式，改变了经济活动的方式，对社会实践产生了很大的影响。面对这种局势，高校要努力跟上时代的步伐，与时俱进，根据社会不断变化的需求，提升自己的职业素养和能力素养，要进一步熟练计算机运用技术，学会用这项技术加深对信息的分析，利用信息化的内容进行科学实践。

我们不能将大学的人才培养看成是在培育温室的花朵，而应该让他们积极承接时代的变化，跟上信息化的步伐，这样才能让他们得到更多的发展机会，最终促进高校的信息化建设。当前，高校的信息化发展主要依托于校园网络，并且发展并不成熟，还在完善的阶段。高校信息化建设和人才培养模式的转变是相辅相成的，高校信息化建设能够加快转变人才的培养模式，人才培养模式的转变也会促进高校的信息化发展，两者相互扶持，共同发展。

大学生的思想观念也受到了网络冲击的影响，大学生的行为方式正在发生改变。现代的大学生进行交流的方式很大一部分都依赖于网络，比如微信、QQ、微博和学校网站等，这种网上沟通的方式简单快捷，给学生的学习和生活提供了很大的方便，也丰富了学生的生活，但是我们也可以看到，网络信息良莠不齐，线上交流的方式也为学生的管理工作带来了一些问题，管理上增加了复杂的程度。当前，大学生的心理问题越来越严重，逐渐演变成了社会问题，大学生的身心健康受到很大的影响，这也对人才的培养工作造成障碍。大学生虽然大部分已经成人，但是在心理上并没有完全成熟，人生观和世界观等也没有完全成形。因此，一些不良的网络信息很容易对大学生造成误导，很多大学生的金钱观、消费观等也很容易受到影响，自制力比较差的学生还会由此沉迷网络，不愿和外界交流，长期下去，就会慢慢脱离现实生活，价值取向走向混乱，自己的学习和生活一团乱，也为高校的大学生管理工作带来难度。

二、国外高校信息化管理借鉴

最早提出信息化的概念是在 20 世纪 60 年代，日本的学者梅田忠夫在 1963 年在当地的杂志《朝日放送》上发表了一篇《论信息产业》的论文。在论文中，作者将"信息化"定义为"一个从主要以物质生产来带动经济发展向以信息生产、传播与交换的经济形式发展的社会过程。"[①] 在这之后，一些国家就将研究的方向放在了高校的信息技术建设领域上。

法国早在 20 世纪 60 年代就开始了将计算机应用于教育系统的尝试，1965 年，法国政府针对发展计算机教学和技术投入了 8 万法郎的资金，这项资金的支持让很多学校都能够配备上计算机。除了法国，像一些其他发达国家，比如美国和英国等在 20 世纪 90 年代的初期就将信息技术应用到其他的教育课程，并且，这项行动整体上都制定了切实可行的方案，虽然，信息技术不像物理、化学、地理等有着明显的学科分类，但是，信息技术的思想正在慢慢渗透到教学体系当中。信息技术经过不断的发展，深入人们的生活中，并且高校也在通过信息技术发生着深刻的变革。

早在 1989 年，英国的政府就和 SUN、英国电信采取"公私合作"的方式开展了 CT 工项目。这个项目的主要任务就是通过计算机多媒体以及通信技术相互结合，实现高校所有的学科从教学模式、内容至组织形式彻底的变革。到了 20 世纪 90 年代，英国政府又推出了一项题为"教育高速公路：前进之路"的活动议题，有 400 家教育机构在这次活动中被支持联上网络。

网络技术在 20 世纪 90 年代开始和人们的工作和生活息息相关，这个时期最热门的信息和技术就是互联网，这个时期也开始了各种网络教学模式，有一部分发达国家利用互联网技术发展实行了网络教育和远程教育，新的教育模式逐渐兴起。

各个国家高校的信息化建设给予我们启示："学习和创新"是信息化工作永恒的主题。具体有以下八点：

①对和教师与学生的学习和生活紧密相关的 IT 公共资源加大投入的力度，可以专门为此建立起 E-learning 技术支持中心、学校公共软件库、公共资源中心等。另外，还可以在学校的教学楼、宿舍楼以及办公楼等增加各种公共设施，包

---

① SHIGEO OYAKE.Papers for Information Industry[J].Sen'iGakkaishi，1979，35（5）.

括网络公共打印机、计算机机房、复印机等，方便师生的教学科研活动。

②推动服务创新，将服务精细化发展，增强培训和宣传。针对服务模式的创新，可以建立起信息技术支撑下的人力资源服务（教师发展）和学生发展服务模型及应用。促使服务向着专业化和精细化的方向发展，并且以人为本，提高人性化的同时增加效率。要打造一支信息技术服务的队伍，并且针对信息技术的普及和应用对教师和学生进行培训。我国的大学信息化建设其实并没有和美国的大学在基础设施建设方面有很大的差距，主要是在应用方面有一定的差距，比如在应用理念和应用模式方面，为了推动学校管理和服务工作更加规范化和科学化，如何将信息技术融入学校的教学和科研以及管理中，使师生的学习和生活更加便利。

③要促进整合高校内部 IT 业务，打造出一个为学校公共 IT 业务支撑的平台。这个平台包括校园卡系统、数字图书馆的信息系统及数字文献资源建设、学校校园网及通信服务、校园数字资源建设与规划、多媒体机房和教室建设与管理、学校管理信息系统建设等。要对这一系列系统建设进行集中建设和管理。

④为信息化建设合理设置组织机构。高校的信息化建设要想稳步前进，就必须将组织结构进行合理设置。在我国高校的实际建设中，很多高校并没有对信息化建设给予更多的重视，也没有对教育信息化是教育现代化的重要标志有一个充分的认识，还有一部分高校对信息化机构的定位也不清晰，将其当成是教学辅助机构，明显对信息化建设的了解十分片面，这样也必将对信息化人员道德工作积极性有很大不利的影响。就我国的高校现实情况，可以看出高校信息化机构隶属复杂，没有一个清晰的定位，并且各个部门之间功能相互交叉，这样导致了其工作效率低下。在美国，高校中实行首席信息官组织管理体制，简称 CIO，并且为这项体制在学校的领导阶层专门设立了 CIO 职位，也有专门由一名副校长专职负责信息化工作。根据美国的高校信息化建设经验，我们首先就要让相关人员对信息化机构的定位有更加清晰的认知，要将信息化部门定位成集教学、科研、管理、培训、服务、开发于一体的综合性部门。信息化建设的信息技术部门十分关键，要科学设置、合理人员配置，加速推进高校的信息化工作。

⑤不断提高人员的素质，打造一流的信息化队伍。我们要了解到，高校的信息化建设不是普通的技术提升，其技术含量高、专业性强，涉及的方面也十分广泛，高校的教学科研、行政管理和后勤服务等都包括在内。任务的艰巨性和复杂

性促使高校必须建设一支精干高效、技术过硬的专业技术人才队伍，队伍的人才要对技术、教学和管理都能掌握。在美国，已建立起了人员配备齐全的高校信息化建设队伍，在这支队伍中，既包含高层管理人员，主要负责信息化管理，又包含中层管理人员，主要负责项目实施，技术人员和技术咨询人员也齐备，这解决了软件开发和安全管理以及用户服务等问题。一般来说，信息化工作人员占据了全部管理人员的 10% 左右，系统十分庞大。我们要将美国高校信息化队伍建设的成功经验借鉴过来，转变工作人员的观念，强化信息化的意识，在现代教学思想的支持下增加对工作的认同感和成就感，要建立起信息化人才成长机制，将人才的作用发挥出来。

⑥将社会力量充分调动起来，不断促进教育信息化的发展。如果只依靠学校和政府的力量去普及和推广教育信息化是完全不够的，还要将社会各界的力量调动起来，共同参与其中。要以恰当的方式鼓励社会各界参与教育信息化的建设，促进"校校通"工程的实施，比如说可以建立起面向学校的优惠服务制度，对于那些边远地区和贫困地区，要向当地的中小学捐赠一些设备和教学资源。要制定相应的奖励政策，对民间企业和团体鼓励其开发计算机教学软件，如果一些项目十分符合教学的要求且有着良好的质量，要对这些开发项目给予经费支持，大力表彰优秀的产品，奖励那些优秀的、面向学生的软件作品，对计算机教学软件开发做出贡献的要表彰。各类公共机构和企业团体要对现有的教育内容软件和主页分类整理，在适宜的主页上开设综合教育栏目。

⑦提高信息资源的使用效率，将信息化服务的职能不断强化。我国高校的信息机构一定要不断增强服务意识，将高校的师生放在中心的位置，不断提供专业的、令师生满意的服务，这样也会有利于激发师生运用信息化的积极性。信息技术服务的项目和范围以及服务的领域要不断拓宽，将服务的质量提升上去，将网络和信息技术设备以及工具的使用价值发挥出来，信息资源的利用效率也要不断提高。在校园的网络安全管理中，要对滥用网络的行为坚决打击，这样才会营造出一个有序、安全和规范的信息技术环境。

⑧加强对教师教育信息化的建设。教育信息化的重要组成要素中就包含了教师教育信息化，做好教师教育信息化工作才能推动教育信息化的建设不断发展。为了推动我国大中小学落实信息技术的应用和普及，就必须建设出一支高质量、

高素养的师资队伍，加强对教师的教育培训，尤其是师范院校，可以开设一些信息技术和教育技术等专业课和公共必修课，增加课程的选择形式，不断提升教师的信息素养。

另外，教师培训要放在重要的工作内容中，针对在职的教师，可以采用进修和培训等方式对其进行技术教育，其中，中小学的教师信息技术教育尤为关键，要重点培训。可以利用各个地市以及县级教师进修学校的优势，将其发展成教师培训的主要阵地。需要注意的是，教师的培训内容不能单纯培训教师的计算机技术，更要侧重于计算机辅助教学，因为教师培训就是为了服务于教学，所以要将信息技术融合在所有的课程中，最终提升学科教学质量。另外，师资培养的经费大概要占据整个教育技术投资的30%。

第四章　信息化背景下转变高校学生管理模式的途径

本书第四章为信息化背景下转变高校学生管理模式的途径，依次从管理者层面、学生个人层面、环境层面、体制建设层面四个层面论述了创新管理模式的方法，为学生管理模式的发展提供了指导。

第一节 管理者层面

一、管理者提高自身的综合素质

随着社会的发展，我国的高等教育普及率越来越高，并且逐渐和国际接轨，这种发展现状带来了激烈的竞争，在管理上也为管理者带来新的挑战。高校学生管理者在现代不仅要承担教师的职责，还必须全面提升自身的综合素质，来承担更多的特殊责任。

（一）高校管理者的责任

高校领导水平的高低对这所高校的发展有着直接的影响，管理者拥有较高的能力素质，对本校学生的成长和学校的发展产生有力的推动作用。

要加强高校学生管理者对当下时代和自身责任的认知状况，高校的管理者要增强对新信息和技术的敏感度，学会不断总结和实践，要提高自己的管理能力，除此之外，还要培养自己的执行力，善于沟通协调。要意识到，提高管理能力不是一朝一夕的事情，不能一蹴而就，需要不断学习和训练，这是一个长期的过程，未来的发展需要过去的知识做支撑，但是，还是要用发展的眼光去看待问题，不断培养自己的责任意识，用发展的理念去管理。在管理的过程中，方法的使用十分重要，要善于总结和反思，在管理之前要明确管理的目的，这样也有利于增强自己的科研素质，最终提高自己的管理素质。科研能力是一个高校水平的重要体现，因此学生管理者要将科研作为管理过程的先导，这样才能继续推动管理工作的发展，在今后的工作中，及时发现出现的问题，采用科学适当的方法解决问题，同时对新出现问题的发生过程要进行探索，这样才会让学生管理活动更加科学化和规范化。可以说，高校的创新，人才的培养依赖于学生管理者的良好素质，一切都要围绕高校的建设和学生的发展进行。

1. 促进高校教育发展的责任

对于高校学生管理者，他们的文化水平和学历水平整体上是比较高的，他们也掌握着先进的科学技术和管理方法。因此，其优秀程度可见一斑。这支优秀的管理队伍要牢牢把握好自己的责任和义务，努力为高校的建设和发展贡献自己的力量，要专心服务于学校的学生。当今，科技进步十分迅速，我们已经进入了知识经济的时代，我们的民族科技也面临着更加严峻的挑战。面对这种发展现状，高校的学生管理者责任重大，由于他们在管理上有一定的经验，并且也经过了正规而严格的治学熏陶，有能力做好学生的管理工作。高校的学生管理者要时刻关注学生的成长，对人才的培养要时刻思考和改进，要积极投身于高校的建设当中，推动高校不断前行。

2. 推动大学生成长成才的责任

高校的学生管理者在管理的过程中不断提高自我的发展水平，同时，教书育人的责任更加不能放下，这是最重要的。管理者一定要落实自己的责任感，因为责任感十分重要，但是责任感的培养也不是一件容易的事情，单纯依靠管理者本身是不够的，还要加上外界社会的帮助，需要两者的共同努力才能完成。责任的体现还是要落实到实践上，管理者要增加和社会沟通的机会，真正去接触社会，面对社会的各种现象能够有自己独特的、成熟的看法，利用各种渠道去宣传良好的社会风尚，对一些不良的社会风气和现象也要坚决抵制，这样才能让自己明辨是非，以更加从容的姿态应对复杂的局势，进而帮助大学生树立正确的三观。

（二）高校学生管理者的素质优化

高校的学生管理者还应该具备的能力包括管理、规划、发展和远景展望，开展管理工作之前必须要制定好计划，工作结束也要对过程中的问题和经验思考做总结，不能把工作做在表面上，要确保工作执行的效果，在过程中，要不断突破创新，不能一味守旧，一定要大胆创新，学会用创新的思维一步步完成各种任务和目标，要做到这种程度，一定离不开良好的自我管理能力和社会责任感。

1. 注重知识更新，加强责任引导

当意识到自己的责任方向时，高校的学生管理者还要在此基础上将这种责任升华成自觉的内心信念，要在心中成为一种义务，最终演变成强烈的社会责任感。学生管理者要不断提高自我管理的能力，要了解到自己的管理需要具备哪些能力，比较关键的几项包括业务能力、政治素质、工作经验等，当然，管理者也是需要不断成长和发展的，要根据管理者的具体情况和需求，定期为他们提供学习和培训的机会，不断积累工作的技能和方法，这样才能在实际的学生管理工作中服务于学生，促进高校的发展。

作为教书育人的责任主体，高校的学生管理者具备公民的权利和意识是基础，同时，还要具备的是办人民满意大学的责任意识，只有这样，高校的学生管理者才能对个人和社会的关系有一个清晰的认知，要让他们意识到要想实现自我价值，就必须承担好社会责任，只有这样才能拥有构建和谐校园的思想基础。我们要意识到，个人和社会的关系是共生共存、辩证统一的关系，两者之间既有区别又有联系。管理者要不断发挥主观能动性和创造性，厘清工作的思路，不断地去发现问题和解决问题，将自身的优势发挥出来，不断创新发展。

在高校的学生管理者中，青年管理者占据一定比例，他们和老管理者相比的优势是能够快速接受新鲜事物，勇于创新，并且上手能力强，这样就便于通过以老带新的方式尽快熟悉工作。他们在工作上更加倾向于"求新"和"求异"，对于这部分青年学生管理者，要有效引导他们的社会责任感，让他们学会用理性的思维去处理工作，不断增加实践的经验，这样也有利于提高他们的责任感，拥有更强的事业心。将上述工作做到位，才会促进高校人才的培养，同时，管理者本身也能实现自己的价值。

2. 注重能力管理，拓展创新载体

高校学生管理者的心理素质十分重要，他们必须具备坚强的品质，拥有抗挫折的能力。在学生管理的过程中，管理者不可避免地会遇到各种困难和挫折，这会导致心情变差，会感到委屈和郁闷，这都是正常的现象。但是这种心情不能放任不管，因为会直接影响管理者的工作效率和准确度，时间过长只会让事情变得更加复杂，所以良好的心理素质是参与工作的必要条件。高校管理者要坚定自己的职业精神，在工作上付出自己的热情和心血，只有这样才能做好工作。高校学生管理工作本身比较枯燥，并且任务很重，这项工作需要无限的耐心。管理者要不断反思自己的表现，克服自己的惰性和私心，这样才能提高高校学生管理的水平。

面对学生管理中"繁、急、难、重"的工作，管理者要学会创新载体，提高自己的管理能力，探索新方法、新程序，这样，才能将管理的质量提升上去，要树立创新大胆的观念，不能一味守旧，要注重教育的实效性，实现个人价值和社会价值的统一。学生管理的目的是让学校有更好的发展，并且不断培养出符合社会需求的优秀人才，这都需要管理者要有社会责任感。高校学生管理者能力管理和社会责任感的培养需要良性互动，这样才能促进管理者的全面、自由发展。

二、切实落实高校学生管理工作

高校的学生管理工作中，辅导员的职责十分重要，作为一名辅导员，其主要的任务就是服务于学生，要管理学生、教育学生，在生活中和学习上都要对学生有一个正确的引导，这样，学生才会慢慢树立起正确的三观。要想做好辅导员的学生管理和教育工作，就要对辅导员的角色有一个清晰的认知。

随着改革开放，我国的经济社会飞速发展，高等学校的建设和发展也进入了一个新的阶段。目前，高校的辅导员需要承担越来越多的责任，其职责包括帮助大学生解决困难、为大学生提供德育教育、疏导大学生的心理、组织大学生参与各种教学活动、帮助大学生择业、为大学生提供专业辅导、发展大学生党员、落实学校的规章制度等，这一系列工作并不是用"政治辅导员"这一个角色称谓就能概括的。辅导员的工作十分琐碎，并且具有一定的复杂性，要做好这份工作，就要在心理上、道德上和专业的素养上都有一定的水平。在高校的管理工作中，首先要做好辅导员的角色定位，其次还要想办法将辅导员管理工作的效率和方法探索出来，这样才能将工作的效率提高，在管理学生上更加高效。

（一）辅导员在高校中的地位及作用

前文我们了解了高校的辅导员职责主要就是教育、服务和管理学生三个方面，辅导员作为高校对大学生开展思想政治教育工作的骨干力量，要积极组织大学生接受思想政治教育，将高校的思想政治教育工作落实到位，还要对学生的日常管理工作负责。

1.管理协调

在辅导员的管理工作中，首先要对学生进行无微不至的关怀，事事都要关心，这样才能让学生感受到校园生活的温暖。具体的做法，比如指导学生对日常事务的管理，组织班级活动，管理班级的规章制度，促进学风建设等，这一切都是要付出很多心血的。在高校，辅导员被认为是"学生工作管理员"，尽力协调好学校的各个部门和学生的关系，每一个学校的环节都要做好衔接。

2. 纽带桥梁

学校和学生的沟通需要辅导员从中协调，学生对学校的任何意见，辅导员要尽量第一时间掌握和了解，将学校的政策法规和规章制度落实到位，还要组织学生做好校园的活动。辅导员要想办法增加学校和学生思想沟通的机会，这样才能促进高校的育人工作有序进行，让高校的管理工作能够稳定运行。

3. 教育疏导

辅导员的工作覆盖了学生管理的方方面面，因此不能只做思想教育的工作，大学生的职业生涯规划也是要重点关注的，要让大学生树立起远大的理想，这样才能让其形成正确的三观，最终，大学生才能端正态度、健康发展。

4. 成才导师

辅导员对学生的影响是多方面的，辅导员的价值取向、行为方式、思想观念以及处世的态度都会给大学生带来影响，辅导员在这方面优秀了，能对大学生产生积极的影响。大学生进入大学之后，是由辅导员全权负责的，这四年的学习生活辅导员要事事处处关心，引导大学生的一切工作，经过这种潜移默化的影响，大学生的身心才能逐渐成熟。

（二）高校辅导员工作策略

1. 加强学习，做个"教育通"

辅导员要对自己所带的学生进行思想政治教育，为了做好这项工作，让学校和学生可以进行良好的沟通，辅导员要变成一个"教育通"，要不断鼓励和引导大学生经常参与思想教育活动，最终提高大学生的思想政治觉悟。

①在日常的管理和教育工作中，辅导员与学生的沟通和交流要善于引用一些经典的话语，对学生产生潜移默化的思想政治教育。

②对学生的思想动态要时时关注，发现问题要及时和学生沟通，根据实际的情况采用不同的教学方法。

③学校方面，可以多开展一些思想政治教育课程或者活动，比如进行专题的讲座，在活动结束后可以让学生总结自己的感想，讨论自己的看法，辅导员在旁进行补充，不断引导学生树立正确的三观。

④辅导员本身要不断提升自己的思想政治境界，要以身作则，这样才能在教育学生的时候有说服力。辅导员的良好形象十分重要，要学会给学生树立榜样。

⑤辅导员要提高自己的网络技术水平，这样才能采用学生乐于接受的方式与他们更加广泛地进行沟通。

2. 身体力行，做个"好榜样"

首先，辅导员和一般的课程教学教师相比，与学生的交流时间和机会都要更多，对学生的影响也更大，一个良好的辅导员形象十分重要，辅导员的素养水平会直接影响学生，基于此，拥有良好的综合素质是一名合格辅导员的必要条件，辅导员要对自己的言行举止时刻注意，以身作则，才能带出优秀的学生队伍。其次，除了以身作则，辅导员也要善于观察，从学生中选出优秀的事迹或者个人树立成榜样，这样的榜样力量更加强大，因为榜样就在身边，就是自己的同学，学生的进取意愿更加强大。最后，辅导员可以多展开学习榜样的活动，如去养老院慰问老人，去社区做志愿者等。

3. 全面发展，做个"多面手"

（1）辅导员在思想上引导学生

提高学生的思想觉悟是辅导员工作的出发点，在加强自身思想政治素养的同时辅导员还要积极组织学生参与党团思想教育活动，这样就可以为学生树立更多的榜样。

（2）辅导员在学习上引导学生

辅导员的职能不仅包括管理方面，还包括教育方面。辅导员要致力于教授给学生一些有效的学习方法，还要不断地学习来提升自己，向学生传授学习方法的渠道包括课程教学和活动教学等多种方式。

（3）辅导员要经常关爱学生，努力和学生成为知心的朋友

虽然大部分学生已经进入成人阶段，但是其身心发展并没有完全成熟，需要辅导员的关心和爱护。在日常的工作中，辅导员要对学生的学习和生活时刻关注、了解，发现有困难的学生要进行关心和帮助，这样也能获得学生的信任，得到学生的尊重。

（4）帮助学生进行心理疏导

现代社会节奏加快，加上高校的扩招，大学生在高校面临的学业压力和就业

压力只会越来越大，长期发展下去就会不利于他们的心理健康，针对这种情况，辅导员一定要重点关注，主动学习各种心理学知识，利用专业的知识帮助学生进行心理疏导，让他们有一个良好的心理状态。

（5）指导学生就业

大四的学生面临毕业和就业的压力，他们中大部分都没有对自己的就业方向有一个明确的选择，处于迷茫的状态，因此迫切需要专业人士的指导，这时候辅导员就需要发挥自己的作用了。首先，辅导员要帮助大学生对自己有一个准确的定位，让他们知道自己的就业目标是什么，然后专门为他们的目标制订一个符合实际的职业生涯发展规划。另外，还可以开展职业生涯评比活动，这样更加有利于他们发展自身的职业生涯规划。辅导员还要帮助学生多参与社会实践，这样在实践中，学生们才能积累更多的经验，更好地参与择业和就业。

辅导员在当今的高校发展环境中，其职责越来越重大，扮演的角色也越来越多，复杂程度也不断提高，面对严峻的挑战，辅导员要不断充实自己，提高自己的专业能力，让自己的综合素质得以适应新时代的大学生的发展。在管理的过程中，辅导员要对自己的学生有更加全面的了解，正确引导学生的成长，这样学生的未来发展之路才会更加顺利。

三、掌握高校学生管理的关键点

在高校管理中心，学生管理工作十分关键，如果落实到实际的工作中，有几个关键的环节需要特别注意，包括：入学教育、学生干部选拔、评优评模组织纳新、军政教练员选拔、开学和放假、大学生基本信息管理、就业信息提供等。顾及大学生管理的每一个关键环节，全面把握，这样，学生管理的工作才能更加规范。

（一）入学教育环节

每年都有上千万的学生参加高考，有几百万的高中生迈入大学校门。高等教育的管理模式是自我教育和自我管理、自我服务，但是在中学阶段，学生并没有较强的自我管理能力和约束能力，这就需要他们在入学的阶段就接受专业性的入学教育，完成中学生向大学生的转变。何为入学教育？入学教育有哪些？这里我们列举几个入学教育的例子，比如军政训练，在训练的过程中就可以对内务、队列、日常行为规范、学籍管理规定以及考试制度等不断强化和训练，另外，在思想教育上还要根据专业不同分别加强，从思想上让学生明白，我国要想在世界范围内成为大国强国，就一定离不开科教兴国。首先，我们要推动教育事业的振兴，大学生作为未来国家和社会事业的建设者和接班人，要对自己家乡各行各业的发展情况有所了解，这样，学生才能树立起"今天学知识，明天建祖国，现在准备好，将来去奉献"的职业道德观念，树立起"奉献自己、服务他人、努力打拼、不断创新"的信念。在入学教育中，军政训练的时间一般适合安排成两周，早晨、上午和下午的训练内容最好也区别开，每一个班级最好有两名军政教练员带领，到了晚上也可以举办各种有益的活动，比如学习规章制度、教唱革命歌曲，学生也可以展示自己的才艺，拉近同学之间的关系。最后，根据每个班级的表现和比赛评选出先进班集体，然后进行汇演报告。各个学院的学生主管领导和辅导员要在入学教育的过程中担负起责任，加强指导，让入学教育真正看到成效。

（二）学生干部选拔环节

在学生群体中，学生干部具有不可替代的榜样作用。

我们都听过一句话叫"不想当将军的士兵不是好士兵"，这一说法有一定的道理，但是并不完全准确，因为有一些学生干部本身的自我约束力就比较差，并不能给其他同学起到一个榜样的作用，同时，干部的各种职责和事情较多，很可能导致没有时间兼顾自己的学业，这样也不利于学生的管理工作。因此选拔学生干部首先就要坚持原则，在选拔阶段就要把好关，组织能力强、品学兼优以及有一定威信的学生是最好的选择。对学生干部的选拔和配备工作，主要是由辅导员负责的，辅导员要在新生入学之前就提前对学生的档案信息资料进行审查，了解学生的家庭情况和思想政治情况，这样可以做到心中有数，更加有利于选拔出可靠、优秀的学生干部。等到新生报到之后，辅导员可以选择一些比较看好的学生临时担任班长和团支部干部，然后经过一段时间的考察，再进行民主推荐的程序，最终确认干部人选。

（三）评优、纳新环节

评选"优秀学生干部""优秀毕业生""优秀团员""三好学生"等，还包括党组织纳新以及评定奖学金等各个环节和激励措施有利于良好班风的建设，同时也有利于建设起良好的学风和校风。这些奖项评定的时间如下："优秀团员""三好学生""优秀学生干部"以及奖学金的评定需要每年一次，"优秀毕业生"每届学生评定一次，党组织纳新一般每学年进行两次。在每次的评奖和评定中，相关的学生管理部门会根据评定的要求下发相关的文件，这些文件和要求是评定的规则和精神体现，各个学院和辅导员要认真落实，负责任地将一些优秀的学生评选出来，留心关注那些积极拥护党的领导、十分上进的学生，可以在日后将这些优秀的学生吸收到党组织中，壮大党的组织力量。

四、改革学生管理模式的全过程

（一）从应急到预防：教育管理预测前瞻化

我国高校的学生管理模式一直以来都有一套相对完善的应急机制，用这套应急机制应对危机事件，对危机事件采取干预。但是在实际的执行过程中，我们发现危机事件的时间、地点、相关人员以及一些非稳定的诱因都是通过学生报告和辅导员排查而定的，这种情况下，预测评估结果就会相对滞后，如果危机一旦出现，其实就已经是发展一段时间了，事态不容易控制得住，另外还会出现疏漏。针对这种情况，现代社会的先进大数据技术就可以很好地解决，我们可以通过移动智能终端、互联网行为记录、可穿戴设备、社会活动行为记录、大数据存储管理和云计算等载体了解大学生的思想和行为，这样就可以提前做出防范，预测出大学生的发展趋势，以最快的速度采取相应的预防措施。

（二）从分散到整体：教育管理决策系统化

教育管理决策系统化的改变是受两方面的原因影响：第一，我们当前处于大数据时代，同时也进入了一个"微时代"，微传播、微创作、微内容以及微言行，这些内容和行为对年轻人有很深的影响，体现出的特点是行为的简单化和思维的碎片化，大学生的思想和行为因此而改变，同时也对高校的学生教育管理者产生了影响。第二，高校的学生教育管理者在工作中经常会出现"上面千头线，下面一根针"的管理行为特点，学生的教育管理工作是由各个部门共同负责，包括教务、行政、团委和学工，每个部门都为此建设了信息管理系统，也建立了自己的教育管理平台，由于部门过多，就很容易出现资源共享不足、协调不力、沟通不畅的问题，这就使得整体的学生管理工作十分困难。但是现在，我们可以利用大数据技术，搭建一个大数据平台，帮助资源和信息实现共享，让大数据信息渠道有效连接，更加方便实现多渠道信息集成和跨部门的分工协作。在思想上，利用大数据技术和思维更容易实现整体思维，促进教育管理决策的系统化。

（三）从静止到动态：教育管理过程权变化

在权变管理理论中，管理最重要的就是可以根据条件的变化进行反馈调整，这是一种有效的管理思想和行为。但是当前我国高校的学生教育管理模式却和这种理论不相符，基本上是以静态管理为主，按程序办事，按部就班，不能根据环境和学生的变化做出及时的动态调整。大学生考上大学后填写学生登记表，期末的时候考试填写成绩单，被评上了一些荣誉之后还要填写获奖的证明，到最后再填写一下毕业的等级表之后就毕业了，仅仅通过这几项内容来对大学生进行行为、学习和生活上的管理，并没有将它和学生的行为数据结合起来，然后进行动态的分析，因此只能起到一个记载的功能，不能体现出管理功能。要根据管理的对象身处怎样的内外环境变化在管理上随机应变，不能幻想着"一招鲜，吃遍天"。这种权变管理的方式在现代可以用大数据技术来实现，通过用预测性分析、可视化分析、数据质量和数据管理、数据分析法、语义引擎等进行数据挖掘，对学生的成长轨迹深度了解之后更加科学地对学生的行为进行评价，动态调整学生管理。

（四）从粗放到精细：教育管理服务个性化

人能够全面且自由地发展体现在对个体的主体性尊重上，也体现在差异化对待和个性化发展上，这也是马克思主义的人学观点。每一个人都是独特的人，要对每个人展开个性化教育和管理，人的全面自由发展才能有保障。我国的经济发展已经渐渐稳定下来，进入了一个新常态，每个人都有自己的价值诉求，国家也有自己的创新发展要求，这都是个性化教育发展的原因。当前，我国高校教育管理和服务并没有实现个性化服务，没有区别对待教育对象，而是将学生当成普遍对象，不尊重教育对象的独特性，管理教育方案没有区别，在评价模式上也没有调动教育对象的自主性，教育对象没有看到满意的激励机制，也就丧失了积极性。

在大数据时代，学生的管理要求变成了对个体独特性和差异性的尊重，将学生的自主性和积极性发挥出来。采用数据挖掘的方法，分析处理原始数据，然后构建起管理数据的模型，最后就可以对学习者的学习结果和内容、学习的资源和教学行为进行关系分析，这样不仅可以对每个教育者的教育发展动态进行全过程和全方位的跟踪和掌握，能够为不同的个体采用个性化教育管理策略，还可以对每个人的教学进程和效果反馈提供个性化管理服务。

第二节 学生个人层面

一、发挥学生的主动性

大学生的自我管理包括哪些内容？这里归纳为大学生对自身生理、心理和行为等进行的自我认识、自我感受、自我料理、自主学习、自我监督、自我控制、自我完善。在本书的观点中，大学生自我管理要对了解自我长处、管理自我目标、学会做事和与人相处三个方面进行分析服务管理。

（一）自我管理的入门——了解自我长处

大学生了解自我最先要做的事情就是找到自己的长处，这个过程不是一蹴而就的，很可能需要用大学四年的时间来完成，但是，发现自己的长处最好越早越好，这样更有利于自身将来的发展。大学生要通过参与实践来检验自己的长处，还要不断地通过反馈分析自己，要敢于尝试，更多地阅读广泛的书籍来充实自己，到了假期也不要浪费时间，多参与实践活动。这里可以提供一个有效的方法：当学生做出一个重要的决策或者将要进行一项重大的行动时，可以在行动之前将自己期望的结果记录下来，等到三到六个月之后结果出来再和自己当初的预期进行比较，通过比较，学生就可以知道自己的天赋有哪些，有哪些是自己擅长的，哪些是自己不擅长的。当明白自己的长处就要努力将其发挥出来，减少走弯路的损失，要知道，一个人的成就不可能建立在短处和弱势上，只有建立在长处和强势上才能成功。

对于大学生来说，身上的长处是不断发展的，因为其还在成长阶段，具有可塑性。我们的长处可以挖掘出来，也可以培养出来，人的潜力也是无穷的，为了生存和发展，人们也有可能激发出自己新的长处。寻找长处是一个不断发展变化的过程，没有固定的模式和框架，这样才能将寻找长处、培养长处与发挥长处统一于实践，这样才会充分地发挥自身的长处，将自己的长处当成自己的竞争优势。

大学期间，大学生在学习和生活上总会遇到各种困难，也会遇到各种不如意的地方，这样就不可避免地产生抱怨的情绪，认为一切都不顺心，要减少这种情绪，需要良好的自我管理的能力，要善于自用其才，这样才能抓住更多的机遇，发挥自己的长处，更好地发展。

（二）自我管理的核心——目标管理

当大学生对自己的长处有所了解了，就可以管理自己的目标了。什么是目标，目标就是"做正确的事"，一般有以下两方面内容：

1. 设立目标，让生活有明确的方向

作为一名大学生，作为一名有理想的青年，首先要明确自己的目标是什么。对于目标的确立，要在三点上做好把握：第一点，要结合自己的优点确立目标，根据自己的长处来思考目标的选择。要注意，设立目标一定要将自己的长处强化，将自己的潜在优势转化成现实的力量。第二点，设立的目标一定要具体，不能设立一个十分模糊的目标，这样就没有什么实现的动力了，比如说，打算在毕业的时候继续考研深造，或者要将某个专业的资格证书考下来，毕业后找工作有什么目标职业等，设立目标时要将考研专业和学校定下来，具体要考什么资格证，找工作的职业性质是什么都要确定下来。第三点，在定目标的时候一定要选择适中的目标，不能远离实际和远超自己的能力，但也不能自卑自贱。古人云："取法乎上，得乎其中；取法乎中，仅得其下。"[①] 如果我们设立的目标太过远大，就很容易变成空中楼阁，无法实现。

2. 要分解目标，随时充满紧迫感

目标可区分为长期目标、中期目标、短期目标三类。长期目标要瞄准"未来"，要把眼光放到毕业后的人生当中。中期目标是当设定了长期目标后，将它分为两半的目标。若设定一下 10 年期的长期目标，就把中期目标定为 5 年，5 年比较 10 年，其实现的可能性更大。接着将 5 年再分成两半，直到得到了 1 年期的短期目标时，再按月分下去。短期目标是应该最为关注的目标，其一般不要超过 90 天，这样能取得更好的效果。通过这样的分解，就可以把有限的精力放到当前的目标中去，全力以赴。

我们可以将目标分成不同的小目标一点一点实现。

---

① （唐）李世民．帝范［M］．北京：新世界出版社，2009.

二、提高学生的参与程度

大学生参与高校管理，既是其作为教育消费者与接受者的重要权利，又是其保障自身利益的合法权利。为了更好地提升高校管理中的学生参与度，需要更新学生参与高校管理的观念，完善学生参与高校管理的机制，提升学生参与高校管理的品质。

随着高等教育市场化程度的逐步深入，高校收费制度和招生录取方式的逐渐变化，高校与学生的关系日益从"管理者和被管理者"的关系转变为"服务提供者与消费者"的关系。伴随大学生成人意识与消费者意识的增强，其享有依法参与高校管理的权利，又基于自身合法身份，获得保障自身正当权益的权利。在高等教育大众化、民主化趋势日益显著的今天，如何科学理性地赋予学生参与高校管理的权利，如何妥善合理地保障学生的权利诉求，是值得谨慎思考与深入探讨的问题。

促进学生参与高校管理，不应仅仅停留在低层次、低水平的"形式阶段"，而应致力于层次的提高和品质的提升，达到有效、积极和高水平的"实质阶段"。

三、学生应利用网络平台加强自我管理

在对学生进行管理的过程中，网络平台的构建对于学生的自我管理工作强化上会带来巨大的帮助，其中主要应用在以下四个层面：

（一）强化学生思想管理

思想能够影响一个人的行为，尤其是对于学生来说，他们的思想还存在着一些不成熟的方面。学校利用网络平台，可以将社会上最新的消息传递给学生，使学生第一时间接受最先进的思想引导。例如，可以利用最大的中文网站《人民日报》进行消息的传递，自从该网站建立后，每天都会被浏览8万次左右，有一亿多字会被读者提取，可见其功能之强大，从另一层面映射出来网络的重要性。此外，学生因为在学习过程中经常会遇到各种困难，思想波动的情况时常发生，教育人员可以利用网络将学生反映出来的情况及时地进行汇总，将合理的方案制定出来，实时关注学生的思想变化情况，随时关注学生思想上的波动。

（二）强化学生心理健康

不管是哪一阶段的学生，都会容易出现心理上的波动，加之网络技术的出现，虽然开阔了学生的视野，但是由于很多学生迷恋网络，心理健康受到严重的影响。面对这样的情况，学校可以利用网络平台对学生的这种不健康的心理加以正确的引导，用健康的网络信息来代替那些肮脏的网络信息，通过网络对学生的心理特点和思想脉搏进行有效的掌握。

（三）强化学生在学习上的自我管理

学习是学生的天职。随着教育改革的不断深入，传统的教学方式已经很难适应社会的发展，为了开阔学生的视野，学校可以运用网络平台。网络平台被各个学校运用后，可以为学生提供更活跃的课堂氛围。利用网络平台将学生的个人信息和学习情况输入网络中，这样，教育者可以及时掌握学生的学习情况，如果学生某个知识点没有理解，就可以通过网络及时地到老师那里寻求帮助，老师会第一时间为学生进行解答。从某种程度上讲，网络平台的搭建为老师管理学生的学习、学生及时地寻求老师帮助之间架起了一座桥梁。

（四）增强学生的凝聚力

很多学生都是独生子女，他们有的以自我为中心的理念非常强烈，缺乏团结友爱的精神。因此，在面对这样的学生时，班级管理者显得有些力不从心，管理起来会非常吃力。如此一来，班级就会如同一盘散沙，对学生各个方面的发展都会带来严重的影响。随着网络平台在学校中的应用，教师可以通过学生的网络信息及时了解他们的真实情况，对于出现的问题，可以有针对性地进行解决。另外，教师可以根据网络平台，组织团体性的活动，使学生能够经常聚集在一起，不断地通过网络上的集体活动，增进学生之间的友谊，这样，学生的凝聚力就会慢慢地被培养起来。

第三节 环境层面

一、与校园文化建设有机结合

高校校园文化是以高校的校园为空间建设起来的，其主体是高校的学生、教职员工，主要内容是课余活动，基本形态是多学科、多领域的文化，它是具备了社会时代发展特点的群体文化。它是社会主义精神文明在高校的具体表现，是一所高校所特有的精神风貌，也是学生政治文明素养、道德品格情操的综合反映。简而言之，高校校园文化是以教师为主导，以学生为主体的，它是在特定的校园环境中积淀形成的与社会时代发展密切关联且具备校园自身特色的人文氛围、校园精神和生存环境。

（一）校园文化的基本内涵

校园文化是指由全体师生员工在长期的教学实践过程中培育形成的共同遵守的道德标准、价值观念及行为规范。它以学生为主体，以校园为主要空间，以育人为导向，以精神文化、环境文化、行为文化、制度文化建设为主要内容。环境文化是校园文化的基础，主要包括"硬环境"和"软环境"；精神文化是校园文化的灵魂，包括校风、学风、教风、作风等；行为文化具体体现在师生员工的言行举止中，主要包括各类人际关系、道德行为规范等；制度文化是校园文化建设和学校正常运转的保障，具体包括各类规章制度，如校规、班规、宿舍管理规定、社团规章制度等。此外，校园文化具有五个方面功能，包括导向功能、教育功能、凝聚功能、约束功能、陶冶功能。此五项功能作用于学生学习和生活的全过程，正确地引导学生的健康发展。

（二）构筑良好的校园环境文化，为高校学生管理提供物质保障

学生管理是以服务学生为根本目的的，为学生构筑良好的、有序的校园环境是管理学生的前提。高校校园环境文化首先包括校园物质文化环境，它是指高校为师生员工学习、工作、生活、娱乐等活动提供的物质条件。高校的物质文化环境是高校校园文化的"硬件"，也是高校学生管理工作的基础环境或基础条件，

如果没有良好的校园物质文化环境，高校校园文化无法健康地发展，高校学生管理工作也会缺乏相应的物质保障。比如学校的环境幽雅，景色迷人，我们就可以用其自然美的景观来陶冶学生的性情、塑造学生美的心灵。校园的合理布局、花草树木、名人塑像、橱窗、宣传栏等，可以让学生耳濡目染并感受浓郁的校园文化氛围。所有这些景观的背后，都展示了包括建筑文化、历史文化、艺术文化、现代科技文化等"亚文化"的独特的内涵所在；而这种"亚文化"和校园总体建筑本身所构成的校园景观，使校园能时时处处洋溢浓厚的文化气息。学生通过干净、整洁、优美的环境的陶冶和塑造，既约束了自己的行为，又提高了自身的人文素养，达到促进高校学生管理工作开展的目的。其次包括知识学术环境，主要指学术科研、教学管理、学风建设等方面的情况和条件。它是衡量一个高校校园文化建设的好坏、管理水平高低的重要因素，它甚至直接影响育人的质量。最后包括人际关系环境，主要是指校园内部的人际关系，比如学生之间、师生之间、领导之间、教师之间等多方面的关系，和谐、融洽的人际关系环境能使大家保持良好的心理状态，利于教，利于管理，利于学生的健康成长。

（三）营造健康积极的精神文化氛围，为高校学生管理提供精神动力

高校校园精神文化环境建设首先应在所有的教学和校园文化活动中坚持正确的政治方向，弘扬中华传统优秀文化，加强对学生进行科学的世界观、人生观、价值观和道德观教育，形成浓厚的舆论氛围，弘扬正气、树立新风、强化理想信念、崇尚奉献精神，这对学生的世界观、道德观、价值观有着树立、锻炼、修正和提高的作用，可以增强学生的民族自信心、自尊心和使命感，激发学生的爱国主义精神，培养学生形成健全的人格和高尚的道德情操，提高学生抵制错误思潮的能力。其次要根据高校总体培养目标和学生的实际，开展丰富多彩的第二课堂活动，用健康高雅的文化和艺术，引导学生合理支配闲暇时间，并且注意将学生管理工作融汇在生动活泼的各种活动之中，寓教于乐，使学生在活动中展现自己、锻炼自己、发挥自己、实现自我的价值，这对培养学生的健全人格和创新能力有着不可替代的作用。由此可见，良好的"精神文化"氛围，是实现高校学生工作科学管理的前提。

（四）创建科学的制度文化，促进高校学生管理和谐有序

高校校园文化，是社会整体文化的一部分，必须加以科学的引导和规范，因而要创建科学的制度文化。制度文化是校园规范化建设和制度化建设的集中体现，这要求高校学生管理必须在各种制度、规章的约束下进行，规章制度对教师教学行为的约束、对学生行为规范的养成、对校园健康向上氛围的形成有着很大的促进作用，这也将促进高校学生管理和谐有序地开展。高校的制度文化，主要包括道德行为规范、公共生活准则、校规校训、业余及课余活动规则等方面。要根据本校情况制定和完善学校各项规章制度，在校党委和行政的宏观领导下，调动学校所有职能部门的积极性，上下协力，齐抓共管，使校园生活规范化、制度化。

二、营造健康积极的高校学生管理大环境

（一）加强学校网络思想政治工作队伍建设

在信息爆炸的电子时代，网络思想政治教育日益显得重要且迫切。当务之急，高校需要建立一支高素质的网络思想政治工作队伍，这支队伍不仅要具有较高的思想政治教育理论水平和丰富的思想政治教育经验，而且还要掌握计算机网络的基本知识和技能，熟练地利用网络平台开展思想政治工作。网络思想政治教育工作的展开，要以了解和熟悉网络语言、网络文学、网络游戏等网络文化的各种形态为前提，把握大学生的思想动态，关注和参与到他们的网络生活中，及时进行心理辅导和思想引导，使思想政治工作渗透到学生的虚拟生活之中。要想使网络时代的思想政治工作取得更好的效果，这就需要加强高校网络思想教育工作能力建设。加强校园网络文化队伍建设，还需要合理配套各类专兼职人员，既要有网络专业技术人员，又要有网络管理人员，还要有网络文化研究人员。按照"提高素质、优化结构、相对稳定"的要求，建立统一指导、各方配合、责任明确、优势互补的网络工作队伍，凭借这支队伍，努力实践并着力打造"绿色网络校园"。通过各种途径密切关注网上动态，随时与学生进行平等的沟通与交流，及时回答和解决学生提出的有关学习、生活、就业等方面的问题，增强大学生的信息解读能力，引导大学生运用辩证的观点和科学的方法，去分析问题，明辨是非，增强对网络文化的辨别力和抵制不良信息的能力，促使他们健康上网。

（二）提高学生的文化素养、自我调节与管理能力

培养和提高大学生对有害信息的自觉抵制意识和能力，对于建设社会主义网络思想阵地具有基础性的意义。首先，要使青年学生学会做自己的心理医生。青年学生的情感丰富且又容易冲动，因此要学会保持健康的情绪，适时宣泄不良情绪，找到合理表达自己诉求的方法。其次，要使他们学会计划自己的生活，建立合理的生活秩序。现在的许多大学生尤其是大学新生，生活自理能力较差，有的甚至难以适应大学的集体生活；另有些学生不能进行正常的人际交往，建立良好的人际关系，而人际关系不良也会导致网络游戏依赖和成瘾现象的产生。最后，培养学生的道德自律意识。学生阶段是一个人的人生观和世界观的形成与定型的阶段，因此教育他们增强网络伦理道德观念，在网络社会里遵守起码的行为准则、自觉加强修养、树立正确的人生观和世界观，显得非常重要。在这方面，可以开展关于网络游戏道德方面的座谈会，让学生参与进来自由讨论，使他们充分认识到网络道德失范的社会危害性，进而提高自我管理能力。

（三）营造积极健康的校园文化环境

学校应该有意识地组织力量开展网络信息安全方面的科学研究，利用技术的力量对侵入网络的有害信息进行处理，努力净化网络环境，将有害信息拒之校园网外。学校应该加强校园文化建设，丰富学子们的业余文化生活。首先，要以学生为本，积极开展充满时尚和青春活力的文娱活动，想方设法来吸引学生们的兴趣和注意力。其次，及时对沉迷网络游戏的学生给予关心和帮助，为他们营造一个积极、健康的学习和生活氛围。最后，学校适度介入网络游戏，最大限度地控制暴力、色情等不健康信息的进入，为学生创造一个积极向上的、健康有序的网络文化环境。

第四节 体制建设层面

一、加强法治化建设

（一）高校学生管理工作法治化建设的必要性

学校是教育人、发展人的场所，是社会结构的重要组成部分，推进高校学生管理工作的法治化建设，对构建和谐社会有着非常重要的意义，也是培养学生法律意识、促进学生健康全面发展的有效途径。

1. 完善高校法治教育体系的重要措施

在现代社会生活中，法制是非常重要的组成部分，学生在进入社会的过程中，必须要接触与法制相关的内容，这体现了对学生进行法治教育的重要性。高校必须加强学生管理工作的法治化建设，尽快弥补高校在法治教育方面存在的不足，从而在培养学生知识和技能的同时，促进学生健康成长，让学生在进入社会之后，能够有较强的法律意识，具备用法律武器保护自身合法权益的能力。

2. 促进学生全面发展的重要内容

随着时代的发展，我们已经进入法治社会，在这样的社会背景下，每一个个体的生存和发展，都必须以法制为基础。加强高校学生管理工作的法治化建设，在完善管理体制、提升管理有效性的同时，还能引导学生从法治的角度来理解社会运行的本质，让学生在校学习期间，不仅得到知识和能力的发展，还能不断实现人生观、价值观和世界观的发展，使他们在未来走向社会时能够更加顺利。

3. 学校进行管理体制变更的内在要求

时代不断发展，社会经济体制为了适应这种发展，也处于不断的变化之中，在这样的背景下，高校已经不再是传统计划体制下的单纯的公益性事业，而是开始转变成公益性和产业性相结合的教育实体。当前，高校作为一种独立的事业性法人，拥有自主办学的权利。而作为学习者，同样拥有自主选择院校以及自主选择某一专业进行学习的权利。高校和学生之间所进行的一切活动，都在法律的保护之下，高校和学生双方可以根据自身的需求和意愿来进行约定，也就是所谓的合同调整。作为学校，有义务给学生提供一定的学习条件，帮助学生顺利完成学业；而作为学生，也有义务遵守并服从学校的各项制度。如果出现学生故意违反学校制度的情况，那么学校可以对学生进行适当程度的惩罚。随着教育的发展，高校管理体系也日渐完善，高校管理者的法治意识也越来越强，逐渐地，高校开始根据所制订的规范化标准来管理学生。同时，高校后勤社会化发展也逐渐加快，主要表现为管理模式更加开放。在法治社会，要想让大学生尽快适应学校后勤服务的社会化管理，实现学校的教育目标，最首要的就是对学生实施法治化管理。

4. 高校办学方向的自我要求

高等院校是培育高素质人才的摇篮，是社会的重要组成部分，高校院校具有传播科学和文化的职能，这对我国法治化建设有着重要的推动作用。并且，在我国社会主义法治化建设的过程中，作为公民，也必须具有较强的法律意识，具备足够的法律知识，只有这样，才能推动社会法治化的进程。高等院校是培养各领域重要人才的主要场所，大学生是未来社会发展的中坚力量，所以，大学生是否具备一定的法律意识和法治观念，在很大程度上影响着我国社会的发展。大学生受教育时间较长，文化素养较高，他们的一言一行在社会层面上都能产生一定的影响。因此，对大学生施加法治教育，通过有效的教育措施，强化大学生的法治意识，让学生能够在法治的影响下自觉规范自身言行，这对我国社会的法治化发展具有积极的意义。由此可见，加强高校管理工作的法治化建设，是建立社会主义法治化国家、强化公民法治意识的必要前提。

（二）高校学生管理工作法治化建设推进的具体措施

1. 制定完善的法律监督管理制度

在学生管理方面，高等院校有很多的权利，这些权利具有一定的意志性以及单方强制性。在法治建设方面，还有很长的路要走，这其中自然存在一些疏漏或不足，就比如对于高校的学生管理工作，一直以来都缺乏司法审查，一些大学生的合法权益受到损害，没有得到应有的保护。因此，需要制定一个完善的高校教育法律体系，让各高校依法进行学生管理工作，并保证司法程序能够贯彻到学生管理工作的整个过程，从而有效保障高校和学生的合法权益。

2. 开展专题教育讲座，传播法治理念

推进高校学生管理工作法治化建设的进程，第一要务就是通过有效的教育手段，强化学生的法治观念，让学生学会利用法律武器维护自身的合法权益。法治教育的方法有很多，对大学生来说，专题教育讲座往往能够取得较好的教育效果。因此，高校可以结合大学生的兴趣和发展特征选择相应的课题和内容，并邀请著名讲师来校进行演讲。而为了达到更好的效果，在对大学生进行专题法治教育讲座的过程中，必须要注意以下两点：第一，所选专题要符合学生的认知特点，要对学生有一定的吸引力，能够激发学生的兴趣；第二，在讲座过程中，讲师或者主持者要积极跟学生进行互动，引导学生提问，或者鼓励学生表达自己的看法。

二、提升信息化管理水平

（一）高校学生管理信息化建设的必要性

随着科技的发展，我们已经进入信息化时代，社会的各行各业都受到了信息化的影响，大大方便了人们的工作和生活。在这样的背景下，高校学生管理的信息化建设成为高校管理发展的必然趋势。当前，高校学生管理系统的开发，一般是针对高校的整体管理，包含科研管理、财务管理、图书馆管理等内容。其中，对于学生管理并没有予以足够的重视，导致学生管理信息化程度不足。

1.提高高校管理工作的效率和管理水平

高校是培育高素质人才的场所，是国家教育的重要主体，高校教育的质量，在很大程度上影响着国家教育水平的发展，并且影响着社会的发展和进步。高校教育的最主要目标，就是培养具有较高素质的专业人才，从而保证国家建设的稳定、高效进行。一直以来，人们对高校教育的认识过于狭隘，认为高校的作用就是培养学生的专业知识和专业技能，但事实上，大学生发展所需的不仅是知识和技能，他们还需得到其他方面的发展与提升，比如心理素质的发展、道德水平的提升等，所以，高校应该致力于发展学生的综合素质。高校辅导员负责管理学生的日常事务，相比于其他专业课教师，辅导员跟学生的交往最为密切，关系也更加亲近，在大学生的发展历程中，辅导员扮演着十分重要的角色。如今，在信息化时代，很多学生管理的日常事务都可以借助信息技术来实现，有效提升了辅导员的工作效率，使得辅导员有更多的时间来关注学生的需求，所以，信息化建设是提升学生管理工作有效性的重要途径。

信息化技术具有综合处理的特性，利用这一特性，可以对学生的各类信息进行高效处理，处理的结果也能及时地在网络平台上呈现出来，供师生查看，这使得学生管理工作的难度大大降低。作为管理者，如果能够有效利用信息技术，尽快实现信息化管理，就能够有效提升管理效率和管理水平。

2. 优化高校学生管理流程

高校学生管理工作涉及很多个环节，是十分复杂的，管理人员需要进行大量的事务性工作，比如更新学生信息、学生奖学金评定、学生评优、学生选课等。这类工作流程环节多，管理层级十分复杂，而且，很多管理人员往往采取由上而下的管理模式，这种管理效率较低，并且容易出现失误。而信息化管理平台的出现，使得很多复杂的工作能够借助计算机进行，简化了整个工作流程，大大提高了管理工作的效率。还需强调的一点是，信息化管理是在网络环境下进行的，所以整个管理工作不必受空间的约束，管理者不必亲自到相关部门进行实际操作，大大提高了管理工作的灵活性。我国高校学生的数量十分庞大，在管理方面一直缺乏创新，导致管理结构复杂，而高校学生管理的信息化建设，可以更好地协调各部门之间的工作，从而使高校管理流程得到优化，提升高校学生管理的质量和效率。

（二）高校学生管理信息化建设模式

1. 制定严格的信息标准

高校学生数量庞大，需要统计和管理大量的学生信息，所以，高校学生管理信息化标准要具备一定的适用范围，要涵盖学生管理相关的信息，只有达到这一要求，其他方面的管理业务才能顺利利用这些学生信息实现其具体的功能。

2. 建立统一的管理数据共享处理平台

要想保证高校信息化学生管理系统的顺利运行，首先要构建一个信息共享平台，高校学生管理需要涉及大量的信息，这些信息在网络中进行传输和交换，这就需要有一个综合性的信息交互平台，从而将学校的各个职能部门和院校联系起来，能够收集并处理需要管理的学生信息，在学校中建立一个自封闭的管理信息平台。管理信息的共享平台，要能够协调应用中不同的数据结构，只有这样，才能使学校信息管理避免出现孤岛问题。对于数据的转换，管理平台提供非编程数据转换功能，让管理信息在所有的管理部门都能够进行处理，并对这些处理进行记录和监控，在全网建成一个健康的、安全的信息共享平台。

3. 主题数据库与功能数据库

主题数据库是集约化的数据库，其最显著的特点就是有着较强的共享功能，在整个数据库系统中，数据都是共享化和集约化的，好处是大大方便了管理系统的信息交流和处理。底层数据标准数据库、数据交换平台和业务数据库共同构成了主题数据库模型。底层主题数据库是符合统一数据标准的主数据库，作为所有管理信息的总集合。数据交换平台将来自不同业务数据库的数据进行统一化交换，不管是主数据库到功能数据库，还是功能数据库回传数据到主数据库，都需要经过数据交换平台，它为整个系统内容的信息交流提供一个通道。业务数据库也可以称作功能数据库，具有不同的功能，比如教务数据库、招生信息数据库、财务数据库等，通过数据交换平台就可以将这些功能联系起来，协同完成特定信息的管理。

4. 基于数据库的业务系统

在数据库系统和数据交换平台较为完备时，要想实现具体的业务功能，就要在数据库系统的基础上，按照数据标准开发相关的管理业务功能，将学生信息从招生阶段、入学阶段、在校阶段、毕业阶段等联系成"一站式"管理服务模式，对学生的各类信息都进行详细的记录，并在不同的阶段，将学生信息交给不同业务功能进行下一步的处理。

（三）高校学生管理信息化建设策略分析

1. 充分认识到信息化建设的重要性

随着时代的发展和科技的进步，我们迎来了信息化时代，在这一背景下，高校信息化建设这一问题被推上一个新的高度。高校是培育高素质人才的摇篮，高校教育管理的质量，对社会发展有着十分重要的影响，同时也关系到科教强国的进程。目前，高校发展所面临的重要问题就是怎样提高高校学生管理水平，怎样更快地将人才输送到社会建设的伟大工程之中。在科技高度发达的现代社会，各高校已经开始利用电子信息技术来进行部分学习管理工作，有效提高了管理工作的效率，所以说，高校管理的信息化建设，是21世纪教育发展不可阻挡的趋势。

与此同时，我们必须思考以下问题，那就是如何充分、有效地发挥信息化建设的优势，如何在社会力量的支持下促进高校学生管理信息化建设，对此，我们首先要做的就是要对信息化建设的重要性有足够的认识。只有这样，才能在信息化建设方面持续加大投入，快速建立起高校学生管理系统。因此，高校学生管理信息化建设的第一步，就是要牢牢抓住信息化建设的契机，并且，要结合学校实际情况，对现有的管理体系进行观察和反思，找出其中存在的缺陷和不足，然后根据现有管理体系的问题，以及本校在管理方面的实际需求，开发相应的信息化管理系统，这样能够避免盲目建设，避免资源的浪费，并能够加快高校学生管理发展的步伐。深度理解信息化建设的重要性和紧迫性，并在这方面加大人力和物力的投入，促使高校管理信息化走上正轨，是推动信息化建设进程的重要举措。

2. 提高管理人员水平，加强信息化建设队伍建设

影响高校学生管理水平的因素，不仅包括高校是否具备信息化管理系统，还包括高校是否具备能够胜任管理工作的管理者。因此，要想更好地实现高校学生管理信息化建设，还要把关注点放在管理者的身上。高校能否顺利构建健全的管理系统，在一定程度上取决于管理队伍的素质和水平。学校管理方面的大多数决策，一般都是由管理团队来制定的，同时，他们也是管理制度的执行者。从实质上来说，管理的过程，就是信息传递和信息变化的过程，这一过程就是由管理队伍来负责和监督的。在高校学生管理信息化建设的过程中，管理者需要对各种信息进行处理，在这一过程中管理者也要进行一些转变，即从传统的经验管理，转变为学习管理，从原来的层级管理模式，转变为扁平的柔性管理模式。高校学生管理的信息化建设，对管理人员的素质和能力提出了更高的要求，管理人员必须不断地学习和提升，才能更好地适应信息化管理环境，才能促进管理信息化建设的稳定进行，进而实现人工管理和系统管理的有机结合，充分发挥信息化管理的优势，最终提升学校的管理水平，促进学校教育管理目标的实现。

3. 明确建设目标，整合管理资源，加快信息化建设的步伐

在信息化时代，高校学生管理的信息化建设已经成为必然趋势，只有顺应这种趋势，才能提升高校学生管理的水平。在学生管理的信息化建设过程中，高校要有明确的发展目标和发展规划，只有这样，才能保证学生管理的信息化建设始终走在正确的轨道上。高校学生管理信息化建设，最开始就是要把促进管理部门

系统工作作为主要目标，要通过信息化建设，指导不同管理部门高效工作。另外，在高校学生管理信息化建设的过程中，要对现存的管理信息进行整合，实现信息化管理和传统管理的顺利对接，尽可能地避免因管理方式的转变而出现信息丢失、资源浪费等情况。

4. 不断完善管理信息系统，具体化管理功能

信息化管理使管理工作变得更加简单、便捷，但是，维护信息化管理的整个系统，保证其顺利运行，是一件十分复杂的工作。在高校学生管理信息化建设的过程中，首先要保证各种硬件具备，在此前提下，对管理信息不断完善，充分利用管理信息系统，结合高校管理的实际需求，来开发各种功能模块，尽可能地保证信息化管理贯彻到每个管理环节，从而使得学生管理的整体效率得到跨越式的提升。另外，要注意对学生管理的信息系统进行完善，对各种管理信息要及时更新，从而保证数据的准确性。

信息技术的迅速发展带动了教育的改革和创新。在当前背景下，高校发展的重要方向之一，就是加强学生管理的信息化建设，这是提升高校管理水平的有效举措。对于信息化建设的本质，我们必须从不同的方面进行理解，认识其重要性和在管理方面所具有的独特优势，从而有效促进学生管理信息化建设的进程。总之，信息技术和网络技术的发展，给高校学生管理开启了新的篇章，使得高校学生管理的质量和效率大大提升，减轻了管理人员的工作负担，节省了高校在管理方面的人力投入，从而使得高校能够有更多的精力去关注学生本身的发展需求，给学生提供更好的学习环境，提升学生的综合素质，最终为社会输送更多高水平人才。

第五章　高校学生管理的信息化建设

本书第五章为高校学生管理的信息化建设，主要介绍了四个方面的内容，分别是高校学生管理工作及其信息化重构、信息化发展对高校学生管理的影响、信息化背景下高校学生管理创新方法、信息时代高校学生管理工作的发展趋势。

第一节　高校学生管理工作及其信息化重构

一、高校学生管理工作信息化重构原则

（一）顶层设计原则

高校管理层必须首先做好顶层的资源分配，让人、财、物都能够尽其所用。从整体性出发，考虑整体目标与分项目标的关系，从而构成由上而下的一整套管理体系。

（二）系统性原则

高校管理工作是一个系统，不可能一蹴而就，且高校并非一个静态的整体，而是一个动态的整体。因此，要实现对每一个过程和环节的把控，必须一步一个脚印，兼顾现实性、短期性和长期性，不能操之过急。

（三）机密性原则

高校管理的对象是学生，为了使管理达到更好的状态，了解每个学生的必要信息是合理的，也意味着高校需要承担起保护学生信息安全性的责任，要实现这一点，可以通过先进的技术手段，如区块链技术等来保障学生信息安全。

（四）信息流动性原则

早期，受限于技术原因，高校内部信息沟通始终不能做到完全畅通，各个部门之间的协调也不到位。对此，高校管理者必须提升自身信息技术管理水平，让信息资源最大限度地实现共享。

（五）开放性原则

在互联网社会，信息数量爆炸，信息来源复杂，信息实时性越来越突出。对此，高校必须搭建具有良好兼容性的信息平台，实时掌控各类信息。

（六）循序渐进原则

学校的主要任务就是培养人才，帮助学生们获取知识、掌握技能，同时得到

心理素质、道德水平等多方面素养的发展，所以说，学生管理工作是学校工作的重要组成部分。但是，学生管理的信息化建设是一项复杂的工程，并不是在短时间内就能够完成的，这项工作不能急于求成，否则会出现很多管理上的疏漏。要想保证学生管理工作信息化的顺利进行，除了有先进的信息技术之外，还要有科学的理论和经验以及先进的管理理念，这些要素缺一不可。高校在进行信息化管理建设的过程中，不能操之过急，要遵循循序渐进的原则，充分考虑学校在管理上的特点和需求，深刻认识信息化管理的优势，兼顾学生管理信息化的开放性和长远性，稳步推进建设工程，这样才能更好地实现信息化管理的目标。

二、学生管理信息化平台构建

（一）学生管理信息化平台功能要求

1. 满足互动性

学生信息管理平台作为为学生提供行政与生活服务的信息化平台，不仅要对学生的数据进行搜集，更要承担诸如选课、申报国家志愿等功能。因此，学生管理信息化平台必须有足够的互动性。

2. 满足功能性

随着数字信息时代的到来，学生上学期间的所有资料都以数字化的形式存储，并建立专属的数字化档案，而学生信息管理平台的基本功能是查询和维护学生自入校到毕业期间的相关信息，在这一功能的支持下，可以快速查到学生在各个阶段的学习信息。比如，学生某学期的综合测评成绩，学生在某学期的各科考试成绩，学生的家庭状况等。

3. 满足相关管理特性

学生信息管理平台需要满足高校要求的某项针对性要求，这主要是由学生工作管理的系统性决定，即系统管理学生素质教育和教师团队建设。比如，为了构建良好的班风和学风，高校要对班级的到课率予以落实，同时，要特别关注学生的考试成绩、学生职业资格证的合格率等，这些都是班级考核的重要内容，应该在信息化管理平台中得以体现。

（二）学生管理信息化平台的功能模块

一个合格的信息平台要有以下功能：

（1）学生信息的存储与管理

学生信息管理平台应当详细储存学生的必要信息，如出生年月、健康状况、家庭状况、身份证号码、住址、学习情况、相关成绩等，并提供必要的咨询与查询功能。

（2）综合素质管理模块

包括课堂实践与成绩、课外实践与成绩、校内活动表现情况与获奖情况记录等。

（3）贫困生资助与奖学金发放功能

一个合格的信息管理平台应当同时满足贫困生与优秀生的奖金申报功能，并能够直观地展示出申报流程的推进情况，减少沟通成本。

（4）校园政策与学生反馈模块

学生信息管理平台应当承担起校园政策发布、学生意见反馈的中间角色。一方面，新的措施与政策（包括生活措施、奖助措施、教学措施、学分政策、保研政策等）可以在平台上发布，减少误解与误读；另一方面，学生可以在各类校园新闻下进行评论，使学校能够及时掌握学生的想法，并予以反馈。

三、高校学生管理工作信息化重构方案

（一）上层设计和整体安排要合理

信息化重构方案中最主要的一环是上层设计和整体布局。高校在学生管理工作方面要有全局意识，要从整体出发，在建设相关基础设施、人才培养、优化信息资源等方面都要综合考虑，在学生管理信息化重构的资金投入、资源配置和信息检测等方面也要具备大局观。

（二）在引进和培养人才方面要重视人才质量

无论在任何领域内，人都是各项工作能够顺利展开、稳定进行的关键。同样，高校学生管理信息化建设要想取得较好的成就，最关键的就是要加强对信息化人

才的培养，也可以结合本校的实际需求，积极引进相关人才，并根据各方面情况，制定科学、合理的人才培养计划。学校管理的信息化建设，实际上是对传统管理方式的颠覆，但是，学校原有的管理人员依旧十分宝贵，他们所掌握的管理经验和技术在信息化管理背景下依旧能发挥重要的作用。一方面，高校要对现有的管理人员加强培训，帮助他们掌握信息技术相关的知识，让他们能够顺利接手学生管理信息化建设的工作，同时还要注意让这些原有的管理人员充分发挥自己的经验和智慧；另一方面，要拓展人才引进渠道，积极吸纳具有较高能力水平的专门人才参与到学校管理信息化建设的进程中，早日实现信息化管理的目标。

（三）不断优化和整合资源，促进资源合理利用

目前，高校资源使用率较低，资源不足问题越来越严重。对此，必须采取相关措施解决高校学生管理工作资源不足的问题，整合一切可以利用的资源，提高资源利用率。对于学生管理工作信息化建设来说，其实施环境也在很大程度上影响着信息化建设的成果，为此，高校必须加强和外界的沟通，密切关注国家相关的政策，积极争取政府在政策和资金方面的支持，这是加快学生管理信息化进程的重要举措。

（四）对中间环节加大监督力度，同时进行全面评估

在严格的监督下，高校各项工作才能顺利地实施，对工作环节进行全面评估有利于不断完善工作，及时纠正错误。学生管理工作的信息化重构离不开监督，学校要组建相关评估小组，制定合理的评估方案，对各项工作进行评估和反馈，促进学生管理信息化重构工作的顺利开展。

（五）提高全体师生的信息文化素养

现代信息技术博大精深，在短短的几十年里，就体现出了极大的影响力，使得社会的各行各业都发生了重大改变，人们的生产生活方式因此发生变化，可以预计，在未来的社会发展中，信息技术仍将继续发挥重要的作用。高校学生数量庞大，需要管理的信息十分繁杂，因此高校学生管理工作必须要依赖信息化系统的建设。高校在促进信息文化发展的同时，也可以使之内化为自身优势，这一过程也是高校学生管理信息化重构的过程。

四、高校学生管理工作信息化重构成效展望

（一）提高高校学生管理工作效率

高校最主要的任务是为国家和社会培养人才，在人才培养的过程中，不仅要重视学生专业知识水平的提高，更要重视学生身心的健康发展，提高学生的整体素质。为贯彻落实这项基础工作，教育工作者需要做大量的辅导工作，深入学生的生活，对他们进行细心的指导。要做好这些工作，离不开信息化管理的支持，高效的信息化管理能够让工作进展得更加顺畅。

高校工作中有一项非常重要的工作，就是对学生进行教育管理，高校开展的关键性工作以及学生基础工作的进行，都与这一工作密切相关。为了使工作内容更加完善、管理模式更加科学高效，高校需要引进信息化管理模式，并积极运用到学生管理中。信息化管理系统之所以能够让工作开展得更加高效，主要原因是在管理系统方面具有独特性，能够综合处理有关学生的各种信息，然后将信息公布在公共平台上，使每个人都可以轻松查阅到自己所需要的信息。信息化管理系统在信息查阅方面具有突出优势，在很大程度上方便了高校学生管理工作，也促进了高校管理水平的提高。

在公共平台上，也可以查阅到与学生或集体有关的各种信息，比如学生的考试成绩、在校上课情况、在校期间受到的奖励和处罚，还有在某一时期某专业学生上课情况、学生的成绩等情况。信息化管理系统的应用使高校的学生管理工作更加顺利，高校管理人员能够很快地掌握学生所在班级、寝室、专业的各种信息。信息化管理系统中实时更新的数据还可以让学生管理工作更加有针对性，从而提高学生管理工作的效率。

（二）实现高校学生管理资源共享

随着高校的快速发展，招生规模不断扩大，高校学生管理工作的难度越来越大。要想减小高校学生管理工作的难度，提高高校学生管理的工作效率，这就需要进行高校学生管理系统信息化建设。高校学生管理系统信息化建设要打破传统的多头管理模式，立足于学校整体发展，在制定规划时要有长远的眼光，建立统一的建设标准。学生管理系统的信息化建设需要大量人力物力的投入，所以，对

于相关的硬件设备，尽量统一选购，这样可以节约资金，同时减少资源浪费。另外，信息化管理能否顺利实现，还取决于相关管理人员是否具有足够的专业技能和综合素质。因此，高校要加强对相关管理人员的培训，提升其整体素质，使管理队伍在信息化管理中发挥更大的作用。同时，在安排岗位方面，一定要充分考虑管理人员的专业背景，根据管理人员的特长和优势给其安排合适的工作，这样，一方面能够有效激发管理人员的工作热情，使其在自己的岗位上实现个人价值，另一方面能够促进整体管理工作的有效运行。最后需要强调的是，各高校要不断完善学生管理系统信息共享平台，争取最大程度上实现学生管理工作的科学化、高效化和信息化。

（三）强化内部管理，优化管理流程

学生管理工作十分繁杂，需要对学生的各种信息进行管理，而通过使用相关软件，这种管理工作变得简单起来。比如，借助软件，管理者能够了解某节课学生的到课情况，并针对其中存在的问题及时做出处理；在评定贫困生时，管理者可以借助软件了解每一位学生的家庭状况，以此作为评定依据。另外，学校可以利用软件对学生进行心理测评，管理者可以通过软件了解学生的心理状况，及时发现那些心理异常的学生，然后及时予以帮助和心理辅导。总而言之，在学生管理信息化建设中，相关软件的合理运用，可以帮助管理者及时了解学生的各种信息，然后根据信息所反映的情况及时做出处理，从而提高管理的效率。

高校学生管理十分复杂，需要处理很多烦琐的事务性工作，包括办理国家助学贷款、评定助学金、困难补助等，这些工作的流程都是根据一定的规章制度来进行的，需要经过每个职能部门的安排之后，再通过各个院校向学生通报。这项工作流程有一个最显著的特征，就是具有线性的传递方式，信息化管理系统引入之后，对传统的管理模式进行了优化，借助信息平台，使得学生可以和工作人员直接进行材料交接，提高了事务性工作的效率。

第二节　信息化发展对高校学生管理的影响

网络技术进入飞速发展的阶段，充分利用现代网络技术，结合学校发展的实际情况，构建学生工作的信息化管理平台，能够有效提升学生管理工作的质量和效率，有利于学生素质教育的开展，营造有助于学生个性化发展的成长环境。当然，就现阶段而言，还有很多问题需要解决。高校学生管理工作并不只是为了更好地维持学校的运行，其最主要的目的是培养人才，为社会主义建设提供中坚力量，为了更好地实现这一目标，高校学生管理工作一般分两部分进行，一个是学生教育管理工作，一个是学生思想政治工作。

学生的思想会随着时代的发展而改变，高校学生管理工作也越来越复杂和繁重，各高校越来越倾向于建立学生工作信息化管理平台解决相关问题。如今，高校可以利用计算机和网络技术代替传统人工的工作方式，完成对基础信息的整理工作。学生管理信息系统能够自动处理学生管理中的各类信息，将整理后的内容传到互联网上，教师和学生可以依据权限和需求查询相关信息。这种工作方式使学生管理工作效率得到了显著的提升，但是，这种工作方式也带来了一些消极的影响。

一、信息化对我国高校学生管理的积极影响

（一）信息化促进数字化校园的建设

数字化实际上就是信息处理的计算机化，主要指利用现代信息技术，对文本、声音、图像、视频等信息以数字的形式进行存储和传播。在现代信息技术的推动下，我们已经迎来了数字化时代，在这一背景下，建设数字化校园成为很多高校发展的一个重要趋势。所谓数字化校园，就是指在校园内建立一个校园管理系统，该系统以校园网为媒介，以信息化管理为重点。在建设校园主干网络时，要注意覆盖整个学校的建设，尽可能地实现校园网和区域主干网的对接，只有这样，才能实现教师教学、学生事务管理的信息一体化，从而及时地为师生提供他们所需要的信息服务。在现代信息技术发展的浪潮下，实现学生事务信息化管理成为每个学校所追求的目标。要实现这一目标，需要利用智能化的电脑系统，将学校行

政管理、学生事务服务等不同的系统进行对接，这样一来，不同部门之间的数据库就可以进行共享，这在一定意义上避免了各部门各行其是的现象。总而言之，信息化促进了数字化校园的建设，提高了学校内的各项管理工作的效率，促进了学校的现代化发展。

（二）信息化创新高校人才培养模式

在传统的高校人才培养模式中普遍适用的还是家庭、学校、社会三位一体的育人模式。在这一模式下，人的培养不仅仅是依靠某一方的力量，家庭、学校、社会在人才培养方面有着不同的特点和优势，它们可以各自发挥其独特的育人功能。但是，在教育人和培养人的过程中，家庭、学校和社会并没有进行深度的沟通和互动，也没有进行信息的共享，这就导致三方无法全面了解学生的真实需求，不能根据学生的各方面特点采取相应的教育方式，进而限制了学生的个性发展和全面发展。在信息化时代背景下，这类问题便可以得到很好的解决。在信息社会，人类智能化的创造力得到了进一步的发掘和利用，这不仅促进了人类思考问题方式的转变，同时也加速了社会经济活动方式、社会生产方式的改变。高校要想实现高素质人才的培养，为社会主义事业建设提供中坚力量，在发展上就必须紧紧跟随时代的步伐，要加强对管理队伍的培训，提升其职业素养和综合能力，使他们能够纯熟地使用计算机，对信息进行分析和判断。目前来看，高校信息化发展并不成熟，它正处在以校园网络为依托，还需不断完善的阶段。并且，传统的人才培养模式已经无法适应现代社会的发展，在传统人才培养模式下成长起来的大学生，根本无法适应时代的发展变化，很难胜任社会上的各种工作。因此，在高校信息化建设的过程中，我们要抓住时机，转变人才培养模式。并且，我们还要通过人才培养模式的转变，促进高校信息化的进一步发展，争取实现人才培养和信息化建设的协同发展，从而提升高校人才培养的质量，为社会输送更优质的人才。

二、信息化对我国高校学生管理的消极影响

（一）信息沟通不及时，容易形成信息孤岛

孤岛本来指的是一种自然现象，后来被心理学所采用，成为心理学界的孤岛

情节，再然后，逐渐引申为一种社会现象，即各个产业部门之间因为缺乏有效的沟通，而导致各部分各行其是的现象。所谓的信息孤岛，是指各个数字资源系统相互独立，互相之间没有任何沟通，需要靠人工和外界进行联系，就好像一个个在大海中孤立的岛屿，因此这种现象被人们形象地称作是信息孤岛。信息孤岛现象在高校信息化建设中经常出现，主要是指高等院校在信息化建设的过程中，对资源共享机制没有予以足够的重视，导致高校的各个部门相互独立，没有任何信息上的交流和共享，各自为政，各行其是，导致整体工作效率的下降，同时也造成资源的浪费。当前，我国高校的信息化建设还处在若干个"信息孤岛"同时发展的起步阶段，学生事务管理的信息化也处在这一阶段。在这一时期，网站信息资源的各种服务功能大大减弱，如果在一个学校内，各个独立的关系系统之间不能及时进行信息共享，那么高校信息化管理的发展将举步维艰。

（二）校园安全治理和风险管理难度加大

随着现代信息技术的迅猛发展，各种各样的信息开始向数字化、网络化和虚拟化方向发展，这种发展趋势使得信息的存储和传播变得更加容易，给人们的学习、工作和生活带来了很大便捷，但与此同时，我们也必须注意到网络信息所面临的安全威胁，比如网络安全漏洞、计算机病毒、信息侵权、信息渗透等。

网络安全漏洞是指一些软件或者系统在设计上存在某种缺陷，而这种缺陷往往成为黑客对系统或软件进行恶性攻击的切入点，进而导致信息的泄露，有时还会导致整个系统无法运行，这对网络安全来说是非常严重的威胁。随着计算机技术的发展，计算机病毒逐渐走进人们的视野，给人们使用计算机带来了极大的困扰，计算机病毒往往隐藏在计算机的某个程序之中，当计算机运行达到一定条件，计算机病毒就会被激活，从而给计算机正在运行的程序代码发布一些指令，影响计算机的正常工作和运转。有些学校网络设施尚不完善，没有安装防火墙，缺乏网络安全防范意识，这导致计算机病毒的传播十分迅速，严重影响了高校网络运行的速度，并使高校的网络信息安全遭到严重的威胁。随着科技的发展，网络信息的普及程度越来越高，一方面，它给人们的生活和工作带来更多的便捷，但另一方面，也助长了网络入侵行为，让人们防不胜防。比如，人们在上网查阅资料的过程中，如果不经意间点击某网址或者其链接，就有可能被病毒入侵，进而导致计算机程序无法顺利运行,还会导致个人信息外泄。随着社会经济的发展,人民的生活水平大大提升,到今天,计算机已经走进千家万户,成为人们工作、娱乐和生活的重要工具,在这样的背景下,计算机黑客也越来越多,他们利用自己掌握的技术,对网络密钥进行恶意攻击,对高校数据库进行窃取,对网站随意更改,严重扰乱了高校各项事务的运行。近些年来,信息犯罪事件经常发生,给一些机构、企业和个人造成了严重的经济损失,甚至还导致了更加恶劣的后果,严重阻碍了信息化社会的发展进程。这些安全威胁对校园的稳定运行也有着非常大的影响,导致校园安全治理和风险管理的难度大大增加。

第三节　信息化背景下高校学生管理创新方法

一、创新高校学生管理业务流程

对企业来说，管理业务流程创新和再造，其目的是对企业的业务流程进行根本性的革新，重新进行思考和设计，提高企业的服务和质量，降低企业的运营成本。对高校来说，管理业务流程的创新和再造，就是从根本上改变学生管理方面的业务流程，重新设计和思考，从而提高学校的管理水平与办学效率。

高校存在的主要目的是为国家培养人才。对于学校发展来讲，学生事务管理是学校最为紧要的管理任务，高校学生业务主要包括学生的学籍录入、管理学生的就业创业、心理辅导等，这些业务的完成需要学校多个部门的参与。比如，大学新生报到时，会涉及学校的具体院系、学校财务处、学生管理处、学校后勤、保卫处等部门，也就是说，学生业务管理需要学校各部门的共同参与，如果能够进行有效联合办公，将会极大地简化学生业务处理程序。

学校对学生业务处理的水平代表学校整体的办学效率，随着信息化在高校的应用，学生对于业务办理的需求也变得越来越复杂、越来越多样。传统的业务流程已经无法满足学生业务的新需求，对此需要对学校业务流程进行创新和再造，进行根本性的思考和设计，为学生需求提供针对性的服务。

随着管理信息化，学校各个职能部门之间应该主动配合信息化的应用，积极进行学生管理流程创新，可以说，管理的信息化体现为管理的流程化。除此之外，高校学生管理业务流程的创新需要充分了解传统业务流程的不足，结合学生对业务办理的新需求进行流程创新和再造。在这个过程中，应该遵循以人为本的原则，尊重学生的合理需求，进行流程简化、增加和整合，实现高效率的办学。

（一）改进学生管理流程

1. 在信息平台下实现组织结构扁平化

学生的管理流程应该借助信息化手段，实现结构扁平化转变。通过基本调查和了解，以学生的基本需求为出发点，改善业务管理流程，不断缩小直线管理层级，将组织结构变得扁平化。扁平化的组织结构有利于学校领导更好地了解师生的真实需求，拉近学校和师生之间的关系。除此之外，学校还应采取有效的措施，实现组织结构的流程化。流程化的组织结构有利于实现学校管理任务和管理目标。流程化的组织结构以核心任务为中心，分配工作人员，通过不同职能部门的配合，完成管理任务和管理目标，这种方式增加了学校不同部门之间的交流和联系，促进了教学信息的流动，充分发挥了学校各个部门的职能优势，使资源利用最大化。例如，按照传统的管理模式，校领导如果要想了解学生的基本情况，需要多个部门传达信息、汇报信息，而在信息化的管理模式下，校领导可以直接利用信息平台来查询学生的信息，有利于缩短工作时间，获得真实可靠的信息。

2. 基于现代信息技术网络化构建协同管理平台

学生工作包括很多内容，相关业务处理起来十分复杂。而信息技术的合理应用，给学校管理的改革和优化提供了更多的选择性，以信息技术为基础建立的技术网络化系统管理平台，可以有效整合学校信息资源，实现综合管理，为学生提供更加便利的服务，打破原有不同部门之间的壁垒，真正实现学校信息共享。

信息化技术在我国高校得到普遍应用，实现我国高校数字化、智能化，通过信息技术为学生提供公共智能化管理。通过数字方式进行学生业务管理和信息流动，对于学校决策、部署和规划工作是极具推动力的。

3. 集成相关业务，简化业务流程

业务流程的革新和再造，应该组合散落的业务，优化业务流程，创建高效顺畅的协同管理平台，还应该删除传统业务流程中不需要的、多余的、冗杂的步骤，进行程序精简，以实现管理的轻便化和自动化；应该避免获取重复的信息，通过一次性的信息获取，实现更高效率的信息集成；应该降低办事流程中和各个部门人员接触的频率，使得各种业务的办事流程尽可能简单化，使各个部门之间实现业务集成；并且，要将一些相似的业务进行整合，实现任务集成，节约业务办理所需的时间。通过信息部门和任务集中，实现学校业务流程的综合化，将一项任务所需要的各个信息、各个步骤、各个部门整合在一起。

业务流程的整合体现在将学生的信息进行有效归类，以便更好地利用；在管理过程中公开办事环节、办事流程，减少任务和信息传递；通过信息化手段进行信息统计、录入工作，减少人工统计的工作时间。工作人员的主要工作方向是对信息进行整合、加工处理以及深入研究，有效提高办公效率和办公速度。例如，在审核学生奖学金、进行奖学金发放时，通过信息化管理系统，只需要上传奖学金的评定条件，由系统进行相应金额的计算，不仅解决了传统审核过程的烦琐，也节省了时间。

（二）设计学生管理信息化流程

学生管理信息化流程涉及很多不同的部门，各个部门之间是相互影响、相互制约的关系，通过确立明确的管理目标，可以设计不同环节之间的先后顺序，确定各个部门之间的转承关系。学生管理信息化流程的改革，应该思考传统的管理方法、手段和理念出现的问题，并且针对这些问题进行根本性改革，不是简单地照搬其他高校的管理方法、手段和理念，而是要结合本校的学生需求设计管理流程，为学生提供更有效的信息化服务。

二、创新高校学生管理手段

（一）革新高校学生管理方式

要想利用信息技术，构建更高效、更稳定的信息管理制度，首先要做的就是形成新的管理方式。学校应该成立信息化管理领导小组，设立管理目标，明确管理方法，进行项目管理。项目管理指在管理的过程中以系统的方法和理论以及系统观点，对项目进行科学有效的管理，以便更好地实现任务目标。项目管理过程中项目的提出，需要根据学校管理需要中具体的需求进行流程策划、思路规划以及方法选择。开展不同的项目，需要不同的软件，学校应该结合自身发展需求和学生需求进行软件选择，合适的软件有助于信息化项目的整体推进，也有助于提高管理效率。

在高校信息化管理建设的过程中，作为管理人员，一定要根据信息化管理的特点和优势，转变管理思路，从封闭局限性管理向整体的开放式网络管理转化，由人工单向管理向网络批量科学管理转变。同时，在管理的过程中还应该积极使用现代信息化技术，创新管理方式，拓宽管理途径。

（二）提升高校学生管理精细化程度

高校学生管理应该精细化，做好细节工作，追求精益求精的效果；建立严格的标准，严格执行工作要求；工作态度认真，注意工作细致。在应用信息化技术的同时，进行精细化管理，注重学生个性化发展，不仅要实现整体高水平的发展，还要注重培养学生的个性兴趣，促进学生全面发展。信息化的管理体制为学生工作的精细化提供基本保障，可以利用信息化手段制定学生个性化发展方案。由此可见，构建高校信息化管理体制，是提升高校学生管理精细化程度的有效方法。

提高高校学生管理的精细化程度，也代表高校学生管理的态度，是高校学生管理的奋斗目标，如同实现国家管理精细化，学生管理精细化也是学生管理体制的发展目标，通过信息化手段，可以有效提高工作的精细化程度。因此，精细化主要体现在管理方面、教育方面和学生服务方面。

（三）完善高校学生信息化保护体系

高校学生管理应该完善信息化保护体系。信息保护有不同的等级，等级高低取决于信息对于国家安全、经济建设和社会生产生活的影响，或者是由信息本身的重要程度所决定。如果信息遭到泄露或者破坏之后对国家的安全、对社会的稳定或是对国家公共利益会产生较大程度的危害，那么这个信息的信息保护等级就是较高的。对信息进行相关保护，也是高校建设信息化平台的重要工作。学生信息具有隐私性，学校在建立信息化平台时必须注重保护学生的个人隐私，应该为信息化平台安装防火墙、配备安全检查人员，及时进行信息化平台维护。

信息化系统的使用应该有等级区分，不同等级的管理人员能够进入的系统层次也是不同的，对于不同的人员分配不同的系统账号。同时，应该设置清晰的职能权限，如非必要，职能权限不应该出现交叉和重叠；要求管理人员具备相关的安全意识，保护好账号和账号密码，以免信息泄露。

对于信息保护还应该设置惩罚制度，如果因管理人员的个人主观疏忽或者是外来人员的入侵导致信息泄露，应该对管理人员或者入侵人员进行相关惩处；如果存在学生盗用账号的情况，也应该惩罚相关学生。通过惩罚制度，可以反向促进管理人员和学生对信息保护的重视，增加信息的安全性。

三、创新高校学生管理技术支持体系

（一）加大硬件方面的投入

要真正实现学生管理工作全面信息化，必须加大投入力度，不断完善学校信息系统基础设施建设。信息化建设的硬件基础包括计算机、网络配置等，对于学生管理工作信息化建设来说，这些都是必不可少的物质前提。高校学生管理信息化要在国家科技计划管理改革的总体精神指导下开展，要以计算为核心、网络为基础、应用为导向、安全为保障作为指导思想，时刻关注信息产业的发展方向，不断追求核心技术，以期取得基础性突破。

高校学生管理信息化应尝试以建成的校园网为骨干，加强新信息技术应用，最终达到创新应用模式的目的。要依托各种信息化系统与技术、对信息化的实用性功能予以充分重视，主动整合自动办公系统与办公资源，并借助网络形式实现流转和共享。除了自身资金投入外，还要积极引入市场机制，通过与信息化企业合作，加大基础设施建设力度，从而全面提高学生管理信息化水平。

（二）创新使用物联网与 LBS 技术

目前，我国高校工作的重中之重是保障学生安全，创建平安校园也是高校的重要任务之一。当前，高校需要重点关注的问题有以下两点：根据学生的实际需求，给学生提供更多的优质服务；做好日常学生管理工作，使学生在校内的安全能够得到保障。在科技发展浪潮的推动下，物联网的应用越来越广泛，甚至开始走进校园。物联网可以借助无线数据通信等技术来收集信息，之后，对收集到的信息进行分析和处理，最终再将其反馈给用户。因此，在高校学生日常安全管理工作中可以充分利用这一优势，在教室、图书馆、寝室等地方放置相关感应器和识别设备，在学生进入和离开区域时，手机会发出提示或警告；感应识别系统还可以使学生在进出某些区域，如宿舍楼、图书馆时，通过一卡通等方式完成开关门，一方面方便了学生的学习和生活，另一方面加强了学校各区域的安全系数，给学生的安全提供了保障。学校还可以把射频识别读取器架设在寝室大门口、教学楼入口、图书馆和教室等地方，为学生的手机或一卡通中安装射频识别标签，这样做的好处是，当学生离开寝室时，系统就会给学生的手机发送消息，提醒学生需要带哪些书籍，或者去何地参加哪些活动。

基于位置服务（Location Based Services，简称 LBS）这一技术是近些年兴起的。如果说物联网在管理学生方面相对被动，LBS 则完全可以主动地为学生管理工作提供方便。因此，LBS 完全可以应用到高校学生管理工作中。高校可以应用这一技术开发应用软件，给学生提供精确的位置导航路线。比如，学生想去上自习，就可以利用该软件快速查询空闲教室。学生只要在手机上安装程序，就可以轻而易举地根据程序给出的路径，找到有空位的自习室，节约了大量的时间，提高了学习效率。

（三）创新使用新媒体技术

新媒体这一概念是针对传统媒体而言的，它依托于信息技术和数字技术而产生，是一种新的媒体形态。它借助于计算机网络等媒介，给人们提供数字报纸、移动电视、数字电影等各种信息服务，满足人们的工作和生活所需。新媒体可以大致分为以下三种类型：

（1）互联网媒体

互联网媒体指在互联网上建立的一系列媒体形式，主要包括网站、网络媒体、网络广播与视频、搜索引擎、虚拟社区等。

（2）以手机为接收终端的媒体形式

这种媒体形式主要包括手机报、手机广播和电视、手机上网功能等。

（3）以数字电视为基础的新媒体形式

这种媒体形式主要包括车载广播、车载移动电视和楼宇电视等。

如今，具有较强交互性、开放性和个性化特点的新媒体更为人们所喜爱，比较具有代表性的是微信、微博，很多学生很早就开始使用新媒体，在高校大学生之间的使用更是十分广泛。因此，在新媒体时代，高校应该迎合学生的兴趣与习惯，充分利用新媒体手段来开展学生管理工作，从而提高工作效率。

第四节 信息时代高校学生管理工作的发展趋势

一、互联网媒介素养教育

近年来，随着互联网技术的发展，人类社会进入"信息时代"，原有单一、封闭、单向的传播模式逐步向交叉、互动、融合的方向演变，这导致用户更为倾向参与式、融入式、交互式的媒介体验，也使得高校网络媒介素养教育呈现出新的特征。现阶段我国高校的网络媒介素养教育仍处于初级阶段，应当结合"参与式"文化背景下网络媒介素养教育呈现出的新特点，从政策制定、课程开发、教师培养等几个方面出发，积极构建新型网络媒介素养教育体系。

中共中央办公厅印发的《关于培育和践行社会主义核心价值观的意见》明确提出要"适应互联网快速发展形势，善于运用网络传播规律，把社会主义核心价值观体现到网络宣传、网络文化、网络服务中，用正面声音和先进文化占领网络阵地"[①]。这一要求的提出一方面给政府进行互联网监督管理指出了明确的方向，另一方面也重点强调了加大对大学生网络媒介素养的培育力度，对于促进国民教育体系建设、提升公民社会参与能力、培养符合时代发展要求的新型人才有着十分重要的意义。

（一）参与式文化下高校学生网络媒介素养教育的特征

1. 教育理念的转变更新

传统教育模式比较推崇师本观念，就是在教学过程中，以师为本，教师处于第一主体的地位，教师的教学行为直接决定着教学的效果。在科技发展的推动下，我们已经进入网络时代，在这一时代背景下，学生只要拥有一部手机、一台电脑，就可以通过各种途径来获取自己需要的知识和信息，而并不像以前那样，知识都需从教材或教师处获得。这样一来，教师和教材不能再对知识进行垄断，教师在教学过程中的主导地位逐渐丧失。随着网络媒体的不断发展，教与学的方式发生改变，这促进了传统师生关系的转变。在这样的时代背景下，教育理念也必须进

---

① 中共中央办公厅印发《关于培育和践行社会主义核心价值观的意见》[J]. 党建，2014（01）：9-12.

行转变，要从以往的"教师中心论"转变为"师生相长型"，也就是在教育教学中以学生为中心，让学生主动、深度地参与学习活动，并结合学生的认知规律，以及学生对网络媒体的使用特点，制定新的教育培养方针，从而帮助学生成长为能够适应时代发展，并能够为社会主义建设做出贡献的新型人才。

2. 教育方法的创新发展

新媒体是依托于高速发展的信息技术和网络技术而产生的，体现出较强的交互性、时效性和多元文化性，正因如此，新媒体在短时间内得到了年轻人的喜爱，特别是当代大学生，他们的生活已经跟新媒体难舍难分。新媒体的普及改变了信息交流的方式，当代大学生基本不再通过报纸、杂志、电视等传统媒体来获取各种知识和信息，他们更愿意借助手机和电脑，利用各种新媒体平台来获取各种信息，并且，通过这些平台，他们还可以跟更多的人进行互动，能够表达自己的看法，从而拓宽眼界，享受交流的乐趣。在这样的背景下，教育方法也必须进行改革和创新，要尽量以启发和引导为主，鼓励学生自主探究，允许学生自由表达想法或提出问题，这样才有助于学生的全面发展。

3. 评价反馈的机制完善

网络时代的到来给人们的媒介素养提出了更高的要求，人们只有满足这种要求，才能在新媒介中顺利社交，并实现自身价值。在新时代下，社会发展对人才培养提出新的要求，为此，我们必须对媒介素养教育中的评价反馈机制进行进一步的完善。在以往，媒介素养教育注重培养人的文本阅读理解能力，如今，要注重培养人的实践参与能力、信息采集和加工能力、适应多元文化的能力等，只有这样，才能提高人的媒介素养，使其能够适应网络时代的发展，并能够最大限度地实现个人价值。

（二）加强大学生网络媒介素养教育的必要性

随着网络技术的发展和普及，人们的工作和生活几乎都要依托于各种网络媒介，在这样的时代背景下，教育界的一些学者已经认识到对学生进行网络媒介素养培育的重要性和紧迫性，但是，从整体上来看，我国的网络媒介素养教育的落实并不十分理想，目前还处在初级阶段，具体表现在以下三个方面：

（1）公共政策方面未能予以足够的制度保障

面向大学生展开网络媒介素养教育，是一项重要且复杂的工程，这一工程目前还没有完全展开，需要政府部门结合实际情况来制定相关的公共政策，只有这样，才能对这项工程予以技术和经费上的支持，并通过相关政策，对这项工程的具体职责进行顶层设计和统一规划，建立完善的教育体系。

（2）在网络媒介教育方面缺乏课程体系建设和科学规划

在当前阶段，我国很多高校还没有认识到网络媒介教育的紧迫性和重要性。因此，并没有将其纳入教学计划中，也并没有开设相关课程，导致大学生网络媒介素养欠缺，这对学生的未来工作和生活是十分不利的。事实上，要想有效提高大学生的媒介素养，提升其综合素质，就要在高校课程体系中增设媒介素养教育，让学生通过学习相关课程，掌握获取媒介讯息的方法，了解媒体运作的本质，并能够自己制作传播媒体作品。

（3）在媒介素养教育方面缺乏科学调研和系统研究

在当前阶段，我国在媒介素养教育的研究方面侧重于媒介素养的基本内涵、媒介素养教育的重要性，以及介绍西方媒介素养教育开展情况等，而对于国内高校开展网络媒介教育，并没有进行科学调研和系统的研究，这种做法无疑是舍本逐末，阻碍了我国高校网络媒介教育的发展。

在参与式文化背景下，根据我国高等教育发展的规律和现状，面向大学生开展网络媒介素养教育，可以从政策制定、课程开发、教师培养、课程设计、社会实践等方面出发，争取构建科学、完善的网络媒介教育体系。

第一，顶层设计。政府管理部门需要制定相关政策，正式将网络媒介素养教育纳入教育规划体系之中，着重强调网络媒介素养是新时期公民必须具备的基本素养。在媒介素养教育开展的过程中，政府管理部门要充分发挥顶层设计和统筹协调的作用，要采取有效的策略，让公民认识到网络法规的重要性，并使其自觉遵守；另外，要通过制度保障、经费投入等手段，给高校开展网络媒介素养教育提供大力支持，并指导高校加强网络媒体素养教育体系的构建和进一步完善。

第二，课程配套。我国高校在开展网络媒介教育的过程中，可以借鉴各国的课程设置方式，采用专业课程、课程融合、主题教学等模式。

第三，队伍建设。高校开展网络媒介教育，最终要依靠教师来落实，所以，高校教师自身的网络媒介素养水平，直接影响着其教育效果，影响着学生网络媒介素养的发展。因此，高校要特别注意对教师媒介素养能力的培养，并将媒介素养作为教师考核体系的重要内容。另外，需要强调的一点是，加强对教师的媒介素养培养，不仅仅是针对相关专业课程的教师而言的，对于其他专业的教师，或者学校的其他行政人员，也要加强其媒介素养培养，因为在信息化社会，只有具备一定的信息媒介素养，才能更好地完成各项工作。并且，只有提升教师整体的信息媒介素养，才能使教师在各种教学活动中，将信息媒介素养潜移默化地传授给学生，给学生带来积极的影响。

第四，课程设计。为了更好地满足大学生的发展需求，提升其综合素质，很多高校开展了"第二课堂"，也就是在学校规定的课堂时间之外，进行相关的教学活动。如今，高校可以将媒介素养教育与第二课堂教育结合起来，通过社会实践、志愿服务等活动来推动网络媒介素养教育的进程。

第五，实践结合。加大对网络媒介素养教育科研工作的扶持力度，在课题申报、征文、竞赛中予以重点关注，并鼓励高校思想政治工作者、专业教师和行政人员开展网络媒介素养研究，对于一些有实际意义的研究项目，要予以扶持，争取推动研究成果的转化。另外，要积极学习和借鉴其他国家的有关经验，有效提升我国大学生网络媒介素养教育的效果。

（三）针对新媒体环境下我国大学生媒介素养存在问题的解决措施

1. 学校方面

①建设并完善媒介素养教育方面的课程，同时保证课程开设的质量，加强媒介素养教育队伍的建设。相比于其他专业或学科来说，媒介素养是一个近些年来新产生的课题。目前来看，我国在媒介素养教育方面还有很大的欠缺，还没有找到跟本国实际国情相符的发展道路。尽管我们已经生活在信息时代，大学生作为青年群体，跟信息时代的接触也最为密切，他们的学习和生活基本离不开信息媒介，但是，对于媒介素养这一新的概念，很多大学生还是比较陌生的，对于媒介素养教育的含义以及意义，大学生也并没有准确、客观的理解。在高校教育中，结合高校实际发展情况，以及学生的认知特点，合理增设媒介素养教育课堂，并

充分结合各高校的优势，这对提升大学生媒介素养来说是十分有效的策略。要想保证媒介素养教育的实效性，首先要保证课程设置科学合理，为此，高校可以采取实践性课程与多元理论性课程相结合的模式。除此之外，我们可以将媒介素养教育当成是一门开放性的课程，可以采取更加多元、开放的教学策略，比如，给学生举办相关的讲座，组织学生开展辩论会等，通过不同的方法和手段提升课程的趣味性，促进大学生正确新媒体观念的形成。

②认识到环境对学生成长的影响，努力营造良好的媒介教育氛围，加强媒介素养宣传。要想实现媒介素养教育在高校校园以及学生生活的顺利融入，首先要让学生认识媒介素养并且认可媒介素养的重要性。因此，高校可以利用自身在知识传播、文化传播方面的优势，借助校园广播、校园报纸、电视台等媒介，加强媒介素养的宣传，营造浓郁的信息媒介素养教育氛围，让学生每天都能接触到与媒介素养相关的内容，从而在不知不觉中受到影响，对媒介素养逐渐产生深刻的认识。

③利用校园的各种资源，强化学生对媒介的认知。目前来看，高校中的很多学生都没有机会参与媒介信息的制作与发布，这使得媒介工作不被学生们所理解。传媒作为一种新生的并且正在蓬勃发展的事物，它的内容实际上跟学生的生活存在非常密切的关系。在高校中，教学资源和教学工具都十分丰富，校园报纸和期刊、校园广播电台、校园微博等媒介资源都是学生可以直接接触的，所以，高校要鼓励并引导大学生在学习和生活中充分利用校园媒介资源。比如，学校可以开设校园微博，然后成立校园微博管理委员会，让学生自己去完成微博内容的制作、发布等一系列工作。通过这种方式，能够让学生的生活跟新媒体充分结合起来，从而有效促进学生媒介素养的提升。

2. 媒介方面

①高校可以积极和一些媒体达成合作，从而给大学生构建媒介实践平台。媒介素养教育跟媒介实践二者之间存在相辅相成的关系，作为大众媒介，要承担起自身的社会责任，可以跟高校进行合作，共同搭建媒介实践平台，让大学生获得更多的学习和实践机会。比如，一些传媒和高校曾经联合发起过一次"数字视频校园新闻制作"大赛，媒介专业人士亲自给大学生提供帮助和指导，大学生则亲自完成拍摄、加工、制作等新闻制作的全过程，最后评出一些比较优秀的作品，

在某平台上进行播放。通过这种方式，可以激发学生对相关媒介知识和技术的兴趣，同时还能使学生获得成就感。除此之外，高校可以邀请一些知名主持人、记者等媒介工作人员来校园进行演讲，并在演讲的过程中多设置一些互动环节，使学生们能够从感性的角度来认识媒介。

②作为媒介，要发挥"把关人"的作用，在信息传播方面要恪守真实性原则，提高自身的公信力。媒介在生产信息和传播信息的过程中，必须承担起"把关人"的职责。随着信息技术和新媒体的发展，形形色色的传媒文化充斥着大学生的学习和生活，而他们自身缺少社会经验和判断能力，所以一些不良的信息很容易给学生的人生观、价值观造成负面的影响，甚至会诱导大学生做出违反法律、违反道德的行为。而媒介掌握着信息发布和传播的权力，它们的行为对信息的受众群体有着非常重要的影响。因此，媒介要当好"把关人"的角色，注重对信息的筛选和审查，杜绝盲目追求关注量而传播虚假信息的行为，保证信息的真实性，从而更好地引导大学生形成正确的价值观，提升学生的媒介素养。因此，作为新闻工作者，要始终有着不断学习、自我提升的意识，不断提高自身的理论水平和业务能力，与此同时，要恪守新闻工作者的工作原则，坚持正确的舆论导向，给学生带来积极的、正面的影响。最后，作为媒介的从业人员，必须要保持最基本的职业信念和职业道德，要有较强的责任意识，争取使自己的工作产生积极的社会意义。

二、构建专门的网络平台

在科技和经济发展的推动下，我们已经进入了信息时代，网络有着十分丰富的信息储备，正是凭借着这一优势，网络成为人们获取信息的重要平台。信息时代促进了教育的改革和发展，在高校中，校园网络建设逐渐成熟和完善，网络显然已经成为校园文化建设的重要影响因素。目前来看，在师生的学习和工作生活中，校园网已经成为对其进行思想政治教育的重要媒介。高校要充分利用各种资源，加强校园网络平台的建设，让校园网更好地为学生的学习和生活提供更多的服务。另外，对于校园网络平台，要加强功能设计，提升其利用价值，充分发挥校园网在大学生思想政治教育等方面的价值，并进一步借助校园网，促使大学生们积极参与校园文化的发展和建设。

（一）高校网络平台构建的有利条件

1. 时代发展的需要

在科技和经济的双重推动和作用下，互联网技术迅猛发展，网络跟人们的现实生活建立起十分紧密的联系，网络的用户群体大大提升，各个年龄段，以及从事不同职业的人，都使用网络来处理学习、工作和生活中的各种事务，由此可见，在现代社会，网络的影响力越来越大，并且，网络以其特有的平台特性，对人们的人生观、价值观产生着潜移默化的影响，改变了人们的思维方式、学习方式和生活方式。因此，高校必须把握住这一机会，加强对教学管理方式的改革和创新，争取充分利用网络平台，更好地实现自身的教育、管理和服务功能。另外，在互联网时代，要想维持学校各项事务的稳定运行，高校必须加强文化建设和信息化建设，为了达到更好的效果，可以充分利用社会上已经十分成熟的网络平台，这些平台的适应性较强，能够帮助高校在发展建设的过程中，在一定程度上减少因网络硬件等问题带来的各种阻碍。

2. 发展前景好

校园网络平台具有使用灵活、功能全面等特点，十分方便用户的使用和参与。一方面，校园网络平台实现了校园主流文化的传播，另一方面，它也体现了高校办学精神、高校发展优势以及高校的文化内涵。由于一些条件的限制，在网络平台的构建上，一些高校较为滞后，但也正因如此，使得高校在信息化发展的过程中，减少了一些阻碍，减缓了改革所引起的阵痛，并在建设网络平台、建设校园文化方面探索出了全新的模式。

（二）高校新校区网络平台构建遇到的问题

当前，可以发现很多高校所建立的校园网络平台，其功能都比较单一，基本上只能利用该平台展示校园的一些基本情况，比如专业设置、招生情况、校园环境等，这样的校园网络平台过于单调，很难引起学生的兴趣，并且学生也不能参与到校园网络平台建设和发展的过程中。而且，校园网络平台的内容更新较慢，除了一些通知会及时更新外，其他内容基本一成不变，甚至有一些栏目空有其表，用户点开名称按钮后，里面却没有任何内容，这些问题说明校园网络建设并没有得到足够的关注，无法吸引学生。很多高校的校园网络平台在实用功能设计方面，也存在很多问题和疏漏，在设计之初，并没有全面考虑使用者的需求，未能解决使用者的问题。另外，高校校园网络文化建设方面也存在不足，主要是缺乏针对性，且目的不明确，并且缺少引导学生利用网络资源和维护校园网络环境这方面的内容。

1. 启动实施有阻力

新校区的发展时间较短，其校园文化还不成熟，发展方向尚不明确，更重要的是，新校区缺乏文化积淀，利用网络平台建设校园文化还不能顺利进行。并且，构建网络平台需要大量的人力和物力投入，而这正是新校区的弱势所在，所以，新校区在构建网络平台的过程中可谓是举步维艰。

2. 形成特色较困难

老校区一般有着较长的发展历程，文化积淀深厚，在很多方面都有着丰富的实践经验，正因如此，老校区在网络平台建设方面已经有了一定的规模，并且形成了跟各校特点相符的校园文化建设模式和途径。但新校区不同，它发展的时间短，实践经验不足，在这样的情况下，新校区在网络平台建设方面要想形成自己的特色，是有很大难度的。

3. 可用资源较匮乏

高校在网络平台建设初期，各方面条件和资源都十分欠缺，且系统管理存在很多问题，基本是依靠其他部门提供的各类支持不断向前发展的。从人力资源方面来说，高校所缺乏的不仅仅是一定数量的人才，更是一定质量的人才，高校的一些管理人员对网络平台并没有足够的认识，自身缺乏相关的技术和素养，这种种原因都导致高校网络平台建设困难重重。

（三）高校网络平台的构建途径

1. 打造特色网络品牌

现阶段的大学生在其成长的过程中，几乎都离不开网络，他们从小就利用网络进行各种娱乐或学习活动，所以，要想利用网络来吸引大学生的兴趣，就需要有特别的形式、丰富的内容和快速的更新。而很多高校的网络平台并不能满足学生的兴趣需求，这些网络平台基本都有着形式呆板、内容单调、功能不全面等特点，从而导致平台关注率低、利用率低。为此，高校要加强对校园网络平台功能的完善，吸引大学生的注意，促使大学生参与网络平台建设，深化网络平台与校园文化的融合，从而有效促进高校的发展建设。此外，新校区要特别注意打造特色网络平台，并且为了取得更好的成果，还要充分借助社会上已经成熟的、有较大影响力的媒介的力量。

2. 优化校园门户网站

校园门户网站是高校在网络中进行展示的平台，也是发布相关信息的固定渠道。在门户网站的建设方面，高校可以尝试设置特色专栏，介绍本校的一些基本情况以及在专业设置、文化建设等方面的特色。加强对校园网站的完善，做到设计优良、布局合理、内容新颖，一方面能够吸引更多的社会关注，另一方面，能够激发学生的兴趣，促使学生积极关注并参与校园门户网站的建设，让学生对学校产生更强的归属感。如今，官方微博逐渐成为网络发声的新媒介，很多高校、企业、政府都开通了官方微博，一方面扩大宣传，另一方面可以利用微博更加快捷地发布信息。并且，很多大学生也都有自己的微博账号，微博已经成为他们获取新闻咨询、分享生活、跟他人交流互动的主要媒介，所以，高校可以开设自己的官方微博，并借助微博来发布一些社会热点问题，普及跟学生学习生活相关的一些知识和信息，也可以组织学生参加一些活动等，借此提升学生的凝聚力，促使学生积极参与校园网络平台建设和校园文化建设。

3. 建设其他网络平台

除了微博，贴吧、微信、论坛、QQ 空间等网络平台也是当下十分流行的交流平台。随着科技高速发展，移动终端技术不断升级，人们只要有一台手机或者电脑，就可以便捷地在网络上进行交流和互动。并且可以发现，手机已经成为大学生学习和生活的必备工具，他们使用手机在各种网络平台上读取咨询、发布信息、与人交流，借此打发时间，或者拓展知识。因此，高校应积极迎合学生的兴趣和习惯，加强对这类网络平台的开发和应用，借此辅助开展大学生思想道德教育，加强校园文化的多元化建设。

4. 充分挖掘潜在人力资源

网络迅猛的发展速度是显而易见的，而较快的更新速度以及较高的参与性和互动性，是网络得以迅速发展的主要因素，并且，网络已经深度渗透到人们的生活之中，成为人们学习、工作和生活不可或缺的重要工具。构建校园网络平台，需要大量的人力和物力投入，其中人力投入的重要性不比物力投入的重要性低。因此，要想顺利构建校园网络平台，就要大力开发人力资源，充分发挥人的主体性作用。特别是新校区，发展时间较短，各方面经验都不成熟，所以在建设校园网络平台的过程中，要积极鼓励各专业教师、辅导员群体参与其中，集思广益，实现内容创新和技术进步。另外，还要鼓励学生干部以及其他学生群体参与其中，学生的思维更加灵活，跟各种网络平台的接触也比较频繁，他们的参与能够给校园网络平台建设注入新的生命力。

5. 建立健全管理体制

大学生思路开阔，思维活跃，愿意接触新鲜事物，所以，他们是网络中最为活跃的群体。因此，高校新校区必须加强对网络平台重要性的认识，要不断加大各方面的投入，尽快开发校园网络平台。当然，网络平台后续的维护管理也是十分重要的。高校要针对引导网络评论、控制网络舆情、处理网络突发情况等问题，组建专门的技术团队，以保证校园网络平台的顺利运行。并且，要结合高校的实际情况，规范校园网络平台管理机制，明确管理者和参与者的责任，通过有效的宣传教育手段，提高学生的网络道德。高校要不断完善校园网络平台的管理体系，保证校园网络平台稳定、顺利、有秩序地运行，进而使校园网络平台在建设校园文化、促进学校发展等方面发挥更大的价值。

6. 营造校园网络文化，共筑品牌校园文化

校园文化建设对一个学校的发展而言是必不可少的，而有了网络的参与，高校校园文化变得更加丰富、鲜活，与此同时，网络的出现使得高校思想政治教育工作面临着新的挑战。在这样的形势下，高校要加强校园网络平台的建设与完善，保证网站内容的丰富以及功能的全面，只有满足这些要求，才能给学生打造一个健康的网络环境，有效传播校园主流文化，营造健康和谐的校园网络文化，从而展现高校的品牌特色。

三、教育、管理、服务一体化发展

随着社会的发展，教育普及程度越来越高，在这样的背景下，高校办学规模越来越大，给高校的教学管理工作带来了新的挑战。为了更好地应对这种挑战，

高校要加强对教学与学生管理一体化机制的探索与实践。实施教学管理与学生管理一体化的基础与优势有：

1. 各类高校间在人才、科研、资源等方面的竞争异常激烈

目前，各高校积极采取各种策略，提高水平，增强实力，在人才、科研、资源等方面进行着十分激烈的竞争。但事实上，高校之间存在的差距是很难通过一段时间的努力而缩短的，特别是一些高校，一味模仿其他学校，走别人的老路，在发展建设方面思维固化，从而导致自身发展止步不前。因此，在跟其他学校进行竞争的过程中，高校要打开思维和眼界，集中多样的资源，走多样化、跨越式发展的道路，一方面脚踏实地地做好基本功，另一方面大胆创新和改革，探索新的发展路径，努力开启高水平大学的卓越进程。

2. 高校办学的基本观念是不断改革创新的思想引领

比如，现代大学制度的"轴性理论"、坚持公办大学机制的稳定性和民办大学机制的灵活激励性相结合的"优势互补理论"下的充满活力和高效运行的社会主义民办大学办学机制的探索，"职业化全位理论"的现代大学不可或缺的管理模式思想等，为我们构建教学与学生管理一体化提供了思想指导。

3. 践行教学管理与学生管理一体化的初步思路

要想有效落实教学管理与学生管理一体化的发展机制，就要做好三个方面的工作，一是结合实际问题调整机构设置，二是在人员配置方面进行优化，三是完善分工协调。具体可以分以下两个步骤进行：

①撤销原有的学生处，然后教务处接收学生处的一些管理任务，并在教务处设置四个管理结构，分别是教学运行管理、学生管理、教学基本建设管理和实验实践教学管理。

②继续进行二级学院管理职能的重心下移，学院领导要协调学生工作，尽可能地将教学与学生工作进行有机融合，完善学院办公室职能和人员配置，学院办公室统一负责教学、科研、行政人事工作的日常管理，从而为教学管理和学生管理一体化提供组织保证。

4. 完善和创新一体化管理制度

在现有的教学管理和学生管理各项制度的基础上，根据一体化管理目标，对

学校学工部、学生社区、校团委与各学院协调功能加以优化，积极构建一个能够稳定运行的教学和学生管理一体化管理模式、管理制度，提高学生教育管理的有效性。比如，高校可以根据自身的实际情况，尝试采取教学与学生管理联席工作例会制度、教风与学风建设联动制度等，并由教务处牵头，社区、校团委、各学院共同参与，完成教学与学生管理一体化的基本制度框架建设，为一体化管理提供制度保障。

5. 加强教学与学生管理一体化的信息建设

在落实高校教学管理与学生管理一体化机制的过程中，有一点是必须注意的，那就是构建教学管理和学生管理统一的信息系统，其主要目的就是实现信息的集中管理、分散操作和信息共享，进而在管理方式上实现数字化、智能化、综合化管理。为此，高校必须对教学管理和学生管理信息系统的建设进行进一步的完善，加强教学与学生信息资源共享，促进管理的规范化发展，增强学校和学院两级教学与学生一体化管理协作，使其更好地为学校的育人功能服务。另外，教学与学生管理信息系统的功能比较全面，对其加以合理利用，能够有效提升教学与学生一体化管理工作的效率。

6. 强化"全员育人"工作机制

影响学生培养效果的因素主要有两个，一个是学，一个是教，只有将二者进行有机结合，才能更好地实现人才培养目标。因此，高校要对各种资源进行综合利用，积极构建"全员育人"的工作体系，实行多角度、全方位育人的管理模式，积极调动各方力量，促进学生的全面发展。

在这里需要特别强调的一点是，一体化管理模式并非简单的合二为一，即将教学管理跟学生管理进行结合，而是一种使教学管理和学生管理相互统一、相互促进的一种管理机制。因此，我们必须牢牢抓住教学管理和学生管理的交点——育人，立足于教学，充分发挥教师教学的育人功能，并根据学校实际情况采取有效的策略，将专业教学和学生管理有机结合起来，从而构建一个具有本校特色的教学管理和学生管理一体化的管理机制，更好地实现高校的育人目标。

四、科学性、时代性、层次性相融合

在学校的整个教育管理体系中，学生管理是非常重要的一个环节，学生管理的质量和水平不仅关系着学生的学习效果，还关系着学生价值观念的构建。如今，大学生群体中一些恶性事件时有发生，比如学生暴力等，这导致高校学生管理工作成为社会关注的焦点。随着社会的发展和文明的进步，教育也在不断的改革和发展，现代高校管理理论的研究也越来越深入，人的重要性逐渐被凸显出来。目前来看，要想使学生管理工作中存在的一些问题得到妥善解决，首先要了解学生的实际发展需求，而后将制度化管理与人性化管理进行有机结合，只有这样，才能使学校和学生双方的主动性充分发挥出来。高校学生管理必须要强调人文关怀，要尊重学生的人格，在此基础上采取有效的管理措施，这样才能促进学生的身心健康发展，满足社会对人才多样化的需求。

（一）学生管理工作制度化与人性化有机融合的意义

1. 克服了单纯制度化带来的弊端

强制性管理措施的管理者只关注理性因素，忽视了人的因素，也就是忽视了学生的个性和人格，导致学生管理工作过于程序化、标准化和规定化。当然，这种管理模式有一定的好处，它使得各级学生管理工作者职责分明，能够促进学生管理工作有序展开。学生管理一定要灵活，要因人而异、因时而异、因事而异，在管理手段上，要刚柔并济，不仅要采取制度化的管理方式，还要结合人性化的管理策略，争取激发学生的主观能动性，培养学生自觉、自律的意识，让学生从被管理者成长为自我管理者，这才是未来学生管理的正确发展方向。在专业教学方面，"因材施教"是很多教师所奉行的理念，同样，在学生管理工作中，我们也要继承这一教育思想，在处理学生的问题时要因人而异，给学生针对性的指导和帮助，从而使大学生的人格得到尊重，使其个性得到发展。

2. 学生工作发展的必然要求

制度化管理和人性化管理在具体的管理方式上存在较大的差别，但它们的目的是一致的，就是尽可能地激发师生的积极性，有效实现管理目标，即促进学生全面发展。在制定制度的过程中，激励大多数人，约束少部分人，是必须遵循的原则。因此，高校在制定规章制度时，要使制度内容得到大多数师生的认可，并能激发学生的责任意识，使其能够认识到自己的义务和职责，进而使学生主动遵守纪律。而在执行学校规章制度的过程中，管理者要注意遵循适度原则，要尽可能地实现原则性与灵活性的统一，在处理学生的问题时，要因人而异，根据不同学生的情况采取不同的管理措施，只有这样，才能实现人性化管理。随着时代的发展，人的重要性愈加凸显，大学生的自主意识也越来越强，在这样的形势下，实现人性化管理是高校学生管理发展的必然趋势。

3. 培养高素质大学生的现实需要

如今的大学生群体以00后为主，他们有的个性突出，自尊心更强，做事容易以自我为中心，一些学生缺乏尊重他人、关爱他人的意识，且实践经验少，抗压能力差。而人性化管理理念所提倡的就是因人而异的管理策略，也就是针对不同层次的大学生，采取不同的管理措施，在这种管理模式下，学生管理转变成学生服务，这可以说是管理理念的根本性变革。这种管理理念的本质就是以学生为中心，明确学生是教育和管理的主体而不仅仅是管理的对象，是按照社会对大学生的素质要求实施的人性化管理。

（二）学生管理工作制度化与人性化两者关系认识上的误区

1. 制度化与人性化在学生管理工作中是互为对立的关系

所谓制度化管理，就是一种以制度规范为基本手段，协调组织机构协作行为的管理方式，它强调的是依法治理，不因个人因素而改变。纯粹的制度化管理实际上属于刚性管理，它基本不考虑个人因素，这种管理方式有好处，也有弊端。而人性化管理则不同，它强调的是以人为本，在实施管理的过程中，充分理解人、尊重人，尽可能地发挥人的主观能动性。可见，人性化管理属于一种柔性管理，它有助于实现个体的发展与价值。因此，在一些学生管理工作者看来，制度化管理和人性化管理是相对立的，如果采取制度化管理模式，就不能实施人性化管理，相反，如果采取人性化管理模式，制度化管理也无法落实，二者是不能同时进行的。但是，一些高校的管理实践表明，人性化管理和制度化管理并非是完全对立的，不应该用过于极端的态度来理解这两种管理模式，可以将它们看成是处于不同层次上的两种管理手段。相比较而言，人性化管理是在制度化管理的基础上，更看重人性化。因此，我们可以把制度化管理看成是人性化管理的基本保障，把人性化管理看成是制度化管理的发展目标，这两者进行有机结合，才能有效做好学生管理工作。

2. 人性化管理等同于人情化管理

一些学者对人性化管理持有消极态度，认为人性化管理会暴露人性的弱点，演变成人情化管理，进而容易导致管理的混乱。在这里我们必须强调的一点是，人性化管理不等同于人情化管理。人性化管理建立在严格的规章制度之上，是有原则性的。而人情化管理并不以制度作为管理依据，管理者根据个人的好恶来进行管理工作，这种管理没有原则性，也不具备科学性。人性化管理并不是在管理中过分讲究人情，而是在严格遵守制度的前提下，对人性予以充分的尊重，结合学生的实际情况，采取合理的、柔性的管理措施，使学生的尊严、个性得到保护，同时激发学生的主观能动性，让学生真正认识到自身的不足，并形成自觉遵守规章制度、提高自身各方面素质的意识，以有效促进学生的全面发展。

（三）实现学生管理工作制度化与人性化有机融合的对策

1. 建立科学、规范、完善的学生管理人性化制度是基础

科学合理的制度是人性化管理的基础，如果没有合理的、完善的规章制度，那么人性化管理在实施的过程中就必定会出现各种问题，使得学生管理工作无法有序进行。规章制度是依法治校的基础，所以，高校必须结合自身的特点以及发展目标，建立科学、完善的制度体系，通过制度说明学校对学生的要求和期许。高校在进行这项工作时必须要注意到两个问题，第一是制度要科学合理，要与时代的发展要求相符，能够明确体现对学生的要求；第二，制度要体现对学生的尊重，要体现学校所采取的管理手段和方式，即教育为主，处罚为辅。争取通过合理制度的构建，给学生营造一个积极的、宽松的学习和生活空间。

2. 转变观念，牢固树立"以学生为本"的管理理念是关键

理念主导着行动。随着时代的发展和教育的改革，一些传统的学生管理理念已经不再适用，甚至阻碍了学生的发展，所以，在现代社会背景下，要想进一步做好高校的学生管理工作，首先就要转变观念，尝试从学生的角度来看待问题。高校的学生管理工作要充分考虑学生现实的发展需求，注重调动学生的积极性，把学生的评价作为管理工作的重要衡量标准，从而促进学生的个性发展。另外，高校要结合自身的发展目标以及学生的实际需求，构建学生成长成才的管理服务体系，改变以往的以强制性教育管理为主的模式，实现强化服务、引导和沟通的

新的工作格局，使学生管理实现从"教育管理型"到"教育管理服务型"的转变，将"以学生为本"作为最主要的管理理念，最终有效提升学生管理工作的效果，更好地实现高校的育人目标。

3. 注重提高学生自我教育、自我管理的能力是重点

所谓自我教育能力，就是指学生自觉将社会要求的思想道德规范在内心加以理解，并通过实践转化为比较稳定的自觉行为的能力。当代大学生个性明显、性格活泼，有着较强的参与意识，他们乐于并渴望对自身的生活、学习进行决策和控制。因此，高校在开展学生管理工作的过程中，要充分激发学生的主观能动性，唤起学生的参与意识，建立以管理者为指导、以学生自身为中心的服务型管理模式，使得学生的主体性得到充分的发挥。另外，要采取有效的措施，加强对学生的教育引导，鼓励学生参与到管理的过程中，比如组织学生成立自律会，负责检查学校各项规章制度的执行情况，也可以让学生参与宿舍管理委员会，或者担任辅导员的助理等。从而激发他们的自律意识和责任意识，将外部的制度管理跟学生内部的自我教育进行有机结合，这不仅能够提高学生管理工作的效率，而且能够促进学生自我发展，培养自我教育、自我管理的能力，促进学生良好习惯和品格的形成。

4. 建立一支稳定、优秀的学生管理工作队伍是保障

高校要想实现制度化管理与人性化管理的有机结合，首先要有一批具有较高素质和较高能力的管理队伍。在学生管理工作中，每个管理者是否能充分发挥自身的主观能动性，都直接影响工作的效果。因此，加强辅导员和班主任队伍的建设，不断吸纳德才兼备的年轻教师，是做好学生管理工作的重要前提。在学生管理工作中，榜样的作用是巨大的。教师作为管理者，以及学生接触最多、最信任的人，要时刻注意自己的言行，努力提升自身的知识水平和道德品质，注意打造个人魅力，从而发挥榜样的作用，给学生带来积极的影响。教师在管理工作中，要尊重学生的个性和人格，要发自内心地关爱学生，积极发掘学生的优点，同时注意以恰当的方式指出学生的不足，并鼓励和引导学生改正错误。在处理学生问题时，要做到公平公正，对于表现优异的学生，要予以鼓励和表扬，对于违反纪律的学生，要严肃批评，但与此同时还要注意聆听学生的心声，引导学生找出犯错的原因，或者针对学生遇到的困难予以帮助。教师在学生管理工作中不能自以

为是，要谦虚谨慎，善于听取学生的意见，不断反思工作中存在的疏漏，并尽力弥补。高校要多给教师提供学习和调研的机会，加强对教师的培训，从而构建一支理论知识扎实、实践能力强的学生管理工作队伍。

制度化与人性化的有机融合，是当前高校学生管理工作所推崇的重要管理理念和管理模式。要想顺利实行这一管理模式，发挥其在管理上的优势，作为管理者，就必须认识到，人性化管理和制度化管理并非两个相互对立的极端，它们是处在不同层次的两种管理手段。在制度化管理中适当融入人性化管理，以规避纯制度化管理的一些问题，而在实行人性化管理的过程中，始终以制度为基础，这才是高校学生管理的最佳境界。因此，在高校学生管理工作中，要以更新观念为第一前提，以建立科学完善的制度为基本保证，以研究学生实际需求为重要基础，以引导学生参与管理为主要原则，以激励为重要的管理手段。只有这样，才能真正落实"以学生为本"的教育理念，才能有效促进学生的全面发展。

参考文献

[1] 汪应，陈光海，韩晋川.高校教师信息化教学能力构成研究 [M].重庆：重庆大学出版社，2018.

[2] 段长远，赵国锋.高校学生事务管理工作研究 [M].银川：宁夏人民出版社，2008.

[3] 陈春莲.基于认知理论的新时期高校学生事务管理模式研究 [M].武汉：武汉大学出版社，2016.

[4] 黎海楠，余封亮.高校学生管理与和谐校园 [M].长春：吉林出版集团股份有限公司，2019.

[5] 沈佳，许晓静.基于多视角下的高校学生管理工作探究 [M].北京：现代出版社，2022.

[6] 王炳堃.高校大学生管理教育与校园文化建设 [M].长春：吉林出版集团股份有限公司，2021.

[7] 王金祥.高校学生管理工作研究 [M].沈阳：辽宁大学出版社，2012.

[8] 郝巍.信息化视野下高校学生事务管理研究 [M].天津：天津科学技术出版社，2018.

[9] 肖君.教育大数据 [M].上海：上海科学技术出版社，2020.

[10] 杨万勇.学校教育中的大数据应用 [M].宁波：宁波出版社，2020.

[11] 穆斯塔帕·艾尔肯.高校学生信息化管理的现状和创新路径 [J].科技风，2022（28）：34-36.

[12] 马超."互联网＋"背景下高职学生管理信息化建设研究 [J].科技风，2022（27）：67-69.

[13] 刘占凯.信息化背景下高校学生管理创新思路研究 [J].办公自动化，2022，27（18）：62-64.

[14] 李慧.浅析高校学生管理工作信息化体系的构建 [J].科技与创新，2022（17）：137-139.

[15] 聂志锋.智慧协同理念下高校学生工作信息化管理策略研究 [J].吉林农业科技学院学报，2022，31（04）：32-35.

[16] 林竞文，林隆雨.高校学生管理工作信息化改革的困境与路径 [J].韶关学院学报，2022，43（05）：54-58.

[17] 张伟明.大数据时代高校学生管理工作信息化建设现状及建议 [J].时代汽车，2021（21）：94-95.

[18] 陈军.大数据时代高校学生管理工作信息化建设现状及建议探讨 [J].大学，2021（38）：46-48.

[19] 赵磊，牛佳惠.高校辅导员工作对学生管理信息化的服务建设 [J].办公自动化，2021，26（17）：20-21+8.

[20] 王鑫家.大数据思维在高校学生信息化管理中的支撑作用 [J].黑龙江高教研究，2016（07）：47-50.

[21] 刘敬.基于智慧校园的高校学生管理信息化绩效问题研究 [D].桂林：桂林电子科技大学，2019.

[22] 付雅琴.高校学生管理信息系统的设计与实现 [D].长春：吉林大学，2015.

[23] 王晓君.信息化背景下高校学生管理工作研究 [D].昆明：昆明理工大学，2015.

[24] 郭芳晴.信息化背景下高校学生事务管理创新研究 [D].武汉：华中师范大学，2014.

[25] 杜延波.Android 平台上学生管理系统的设计与实现 [D].厦门：厦门大学，2013.

[26] 朱建良.信息化背景下高校学生管理创新研究 [D].宁波：宁波大学，2013.

[27] 高勇.SNS 在高校学生管理信息化中的应用研究 [D].成都：电子科技大学，2012.

[28] 高萍.高校教育信息化体系研究 [D].济南：山东师范大学，2006.

[29] 王宝泉.高等学校学生管理信息化研究 [D].武汉：华中科技大学，2006.

[30] 郎东鹏.推进高校学生信息化管理的"三性"分析 [D].武汉：华中师范大学，2006.